JUAN JOSÉ ARREOLA

JUAN JOSÉ ARREOLA

por José Alejandro Torres

Grupo Editorial Tomo, S.A. de C.V.
Nicolás San Juan 1043
03100 México, D.F.

1a. edición, octubre 2004.

Nicolás San Juan 1043, Col. Del Valle
03100 México, D.F.
Tels. 5575-6615, 5575-8701 y 5575-0186
Fax. 5575-6695
http://www.grupotomo.com.mx
ISBN: 970-775-057-X
Miembro de la Cámara Nacional
de la Industria Editorial No 2961

Proyecto: José Alejandro Torres
Diseño de Portada: Trilce Romero
Formación Tipográfica: Servicios Editoriales Aguirre, S.C.
Supervisor de producción: Leonardo Figueroa

Contenido

Prólogo

México ha tenido la fortuna de contar con grandes hombres de letras. Si bien en el campo de la ciencia, la tecnología y la diplomacia nuestro país ha figurado con humildad en la historia del mundo, en la literatura ha sucedido lo contrario.

Por desgracia, muchos de nuestros literatos y escritores han nacido en un medio poco propicio para su desarrollo. La incomprensión, las carencias económicas y los infortunios han cubierto la vida de estos hombres cuya única certidumbre es el amor a la palabra.

Juan José Arreola pertenece a una clase única de escritores que se dio en el siglo pasado: los autodidactas. Contrario a lo que pudiéramos imaginar, Arreola, no obstante la carencia de títulos y honores, ingresaría a la élite de creadores mexicanos. Hoy, sin duda, es un inmortal.

En su cuento *Funes, el memorioso,* Jorge Luis Borges, nos habla acerca de un personaje que, al sufrir una caída, recibe el don de la memoria prodigiosa. Pues bien, Arreola no le pide nada al personaje del escritor argentino. Recordaba su infancia desde el seno materno, los encuentros primigenios con la naturaleza, olores, sabores, texturas, y, lo más importante, las sentencias más provechosas de cada libro.

Si bien no es el máximo escritor de nuestro país, se le ha reconocido mundialmente por su acertada forma de leer. Era un lector excelente de los clásicos y de la literatura contemporánea universal. Cierta ocasión, mientras Juan Rulfo y Juan José Arreola compartían micrófonos en el centro Pompidou de París, el presentador se refirió a Juan José como un excelente promotor de escritores jóvenes. Rulfo reventó contra el sujeto, asegurando: "¡Cómo que jóvenes!, este hombre no nomás nos enseñó a escribir, primero nos enseñó a leer..."

En efecto, Arreola fue pieza fundamental en la vida de Rulfo y en la de muchos escritores que hoy ocupan los escalafones principales de la literatura como José Emilio Pacheco, Eduardo Lizalde, Elena Poniatowska, Carlos Fuentes, Vicente Leñero, José Agustín y tantos nombres que podrían ocupar una cuartilla completa.

El mayor legado de Juan José Arreola fue incentivar la lectura entre los jóvenes de nuestro país. A través de conferencias, libros, programas de televisión y de radio, este hombre, nacido en el humilde pueblo de Zapotlán, se cansó de reiterar la importancia del lenguaje y la literatura.

Si se escogiera un epígrafe digno de Arreola se desataría una verdadera controversia acerca de cuál sería el más adecuado. Yo propongo uno en especial, pertenece al mismo Arreola:

> "Amo el lenguaje por sobre todas las cosas y venero a los que mediante la palabra han manifestado el espíritu, desde Isaías a Franz Kafka."

José Alejandro Torres

Mis primeras impresiones

"Mis primeras impresiones en la vida son de infinito, de marea... y esto es lo que jamás se me ha olvidado: el ritmo de la respiración de mi madre... Comprendo ahora que probablemente esas impresiones, por su carácter respiratorio, corresponden a percepciones anteriores al nacimiento. Impresiones útiles que me hacían pertenecer a un todo del cual fui expulsado..."

Esto sólo pude escribirlo un hombre con demasiada conciencia de sí, pero también, un hombre que imagina en exceso y cuya sensibilidad es tan grande que puede evocar las experiencias dentro del seno materno. Sensibilidad e imaginación son dos de las aptitudes que se conjugaron para dar vida a un hombre poco común: Juan José Arreola.

Hijo de Felipe Arreola Mendoza y de Victoria Zúñiga de Arreola, Juan José nació un 21 de septiembre de 1918, en Zapotlán el grande (Ciudad Guzmán), Jalisco.

La historia de la familia Arreola se remonta a épocas antañas, cuando Juan Arriola (el mismo Juan José ignoraba cuando y porqué el Arriola pasó a Arreola), un hombre proveniente de España se estableció, junto con su hermano Francisco, en Mazatlán, allá por el siglo XVIII. Se cuenta que Arriola, ganó el respeto de los lugareños hasta convertirse en munícipe. No cabe duda de que la bonanza envolvió su vida por un buen tiempo; sin embargo, al morir, la única herencia que dejó a sus hijos fue la pobreza. Su primogénito, Salvador, sería quien soportara con mayor penuria los avatares de la necesidad, según cuenta Juan José:

"...mi abuelo tuvo que abandonar su oficio de carpintero para irse a trabajar al campo, de jornalero, por dos reales diarios, que eran como veinticinco centavos de entonces."

Don Salvador Arreola tendría tres hijos con una mujer llamada doña Laurita: José María y Librado (que se dedicarían al sacerdocio) y Felipe (padre de Juan José).

José María y Librado tuvieron la suerte de escoger una excelente carrera, si consideramos las creencias del lugar, ya que eran respetados por el pueblo y se les veía como autoridades. Felipe se vio beneficiado con la fama de sus hermanos, y juntos saldrían de la pobreza para convertirse en "señoritos, en hombres de corbata de moño y camisas de céfiro."

Felipe, por su parte, aunque jamás estuvo en un claustro era, lo que se dice, un buen católico, un hombre de fuertes principios morales, en pocas palabras, un típico jalisciense de aquellas épocas.

Felipe, al contraer nupcias con Victoria Zúñiga, y al procrear a sus hijos, los educaría a la manera provinciana, sin pasar por alto la imposición en la fe católica, así lo aseguraría Juan José:

"Considero oportuno afirmar que soy un cristiano católico porque nací en ese mundo, el del cristianismo y el catolicismo, y en él quiero morir..."

El primer recuerdo de este niño fue por demás espantoso y emblemático. Cuenta Juan José que, aproximadamente a la edad de tres años, mientras gateaba por el patio de su casa, de pronto, una puerta se abrió y por ella salió un enorme borrego negro:

"Yo no había aprendido todavía a caminar, pero el instinto —el de hombre paleolítico— me hizo levantarme y caminar."

Dominado por el horror, el pequeño fue en busca de doña Victoria. La madre al comprobar que su hijo por fin caminaba, no pudo más que sonreír y celebrar el evento. Juan José, desde luego, lloraba sin saber que este accidente se convertiría en una obsesión literaria mucho tiempo después:

> "Durante toda la infancia y gran parte de la adolescencia tuve una pesadilla recurrente. El borrego se transformaba, en mi sueño, en un gran perro o en un toro. Lo digo en Confabulario: 'Ese borrego negro nunca ha dejado de perseguirme...'"

Parece que al mismo tiempo que descubría su entorno, Juan José entraba al mundo de la oratoria. Le apasionaba declamar en público cualquier poema que se le enseñara:

> "No voy a presumir con el propósito de que yo entendía algo del texto que recitaba de memoria. Nada más afirmo que sentía mucho las palabras que iba diciendo a media lengua.... El jueguito me gustaba, tenía entre cuatro o cinco años de edad y mis hermanos mayores se divertían oyéndome recitar *El Cristo de Temaca.*"

Un poco más tarde ingresó a la escuela como oyente. El lector habrá comprendido que nuestro protagonista era un infante en exceso desarrollado para su edad, robusto, inquieto y travieso:

> "No recuerdo por qué, por alguna travesura que hicimos, nos encerraron en la escuela como castigo. Quizás en la oficina del director, y yo escuché cómo le daban vuelta a la llave..."

Pero en poco se comparaba con la disciplina que don Felipe establecía en el hogar. Cariñoso, pero incapaz de pasar por alto un mal comportamiento y mucho menos, una mala calificación, Don Felipe acostumbraba amenazar a sus hijos con la siguiente frase:

> "Todo lo que baje de diez, me lo van a pagar con azotes"

Y en efecto, ante la menor imperfección académica, la reprimenda no tardaba en llegar. Recordaba Juan José que los lunes, día de firmas de boletas, había "cueracera segura". Además, Juan José y sus hermanos tenían que mantener la disciplina y el orden, *El Manual de Carreño* no hacía falta en aquel hogar:

> "Coscorrones, cachetadas, nalgadas, cueraceras y a veces hasta patadas, ése era nuestro mundo... Tres chicotazos diarios era el promedio. Con chicote de cabalgadura, cinturón o con la famosa vara de membrillo."

Contrario a lo que nos pudiera parecer, Juan José no guardaba rencor a su padre por haberlo educado de esa manera, al contrario, se mostraba agradecido:

> "Yo bendigo ese trato, lo repito una y otra vez, porque realmente me hicieron de una pieza, disciplinado a más no poder, respetuoso de los mayores..."

No obstante la buena alimentación que gozaba, Juan José enfermó de sarampión. A esta enfermedad se le sumaría una grave infección en los intestinos que lo mantuvo tres meses en cama. Al recuperarse, los estragos fueron tremendos, al grado que cuando intentó levantarse de su cama, no pudo. Fue necesario que Juan José aprendiera de nuevo a andar, por increíble que parezca.

Sin embargo, como lo comprobaremos a través de esta biografía, toda experiencia desagradable en la vida de Juan José tenía su aspecto provechoso. Resulta que su hermana, Elena, fue la encargada de cuidarlo mientras convalecía.

Para entretener a su hermano, Elena acostumbraba leer en voz alta. Así, *La historia de Valdemar Dae y sus hijos* y *Corazón, diario de un niño*, entre otros clásicos de la literatura universal serían aprehendidos por este pequeño que desde entonces viviría afectado por otra debilidad: la lectura.

La paradoja fue que, no obstante su gusto por las letras, el infante desarrolló una fobia incontenible hacia la escuela. Así fue, cuando Juan José pudo caminar sin ayuda, quiso renunciar a los salones de clases:

> "Y no había manera de llevarme. Me pegaban y me pegaban una y otra vez y yo nada, me rebelaba y pateaba y era inútil que volvieran a pegarme. No sé si fue una especie de neurosis o un trastorno mental que se manifestó como insubordinación..."

Don Felipe sabía que eran más fuertes sus decisiones que las del niño, así que lo llevó a rastras hasta la escuela. Logró introducir al pequeño rebelde en el recinto educativo, pero Juan José, desesperado, intentó escaparse. Para su desgracia, un maestro lo sometió a chicotazos y por fin, el pequeño Arreola tuvo que resignarse al encierro de las aulas.

El mal comportamiento fue la respuesta que dio Juan José a su padre y sus maestros. A pesar de los golpes, el pequeño no se reformaba. Como se entenderá, pasaba de un colegio a otro con rapidez insólita; para su mal, el despertar sexual vendría por aquellas épocas. Una etapa inevitable en la vida de las personas, pero que a Juan José le afectaría en sumo grado.

En poco tiempo la naturaleza de sus travesuras cambiaría para centrarse en la sexualidad tanto propia como ajena:

> "En el Colegio del Sagrado Corazón me castigaron porque en pleno salón de clases estaba yo dedicado a actividades de hecho un poco onanísticas. Actividades manuales y de verificación. Y, con otro compañero que es-

taba cerca, hacíamos comparaciones. Por esa época, me encontraron también con una compañerita, o prima, haciendo algo de ese orden, indebido."

Al lector le podrá parecer morboso centrarnos en estos detalles, pero se debe comprender que la sexualidad fue una de las principales obsesiones del autor. Más aún, el castigo ante el pecado, ante los deseos carnales que Juan José aprendió a combatir con la abstinencia. Una represión muy típica de las personas que llevan la religión a los extremos.

Al mismo tiempo, Juan José era atraído por otras sensaciones. El olfato y el gusto, eran sentidos que tenía desarrollados al máximo. Gozaba con el aroma de la madera con que había sido construida su casa con con las pinturas y los barnices, por supuesto, con los sabores de la cocina mexicana, el chile, el maíz, los dulces y las conservas.

Rafael, su hermano mayor, fue su gran cómplice en las travesuras. La más célebre de todas sucedió mientras ambos cursaban la primaria en el Colegio Renacimiento. Cuenta Juan José que su hermano siempre hallaba la forma de distraerse, ya fuera montando un circo en el patio de su casa o construyendo submarinos de madera. Mas su hiperactividad tomaría derroteros místicos. Resulta que Rafael tuvo la ocurrencia de instituir un culto llamado: la religión de la Babucha.

"Las ceremonias, muy sencillas al principio, se fueron haciendo cada vez más complicadas mientras crecía el número de los secuaces y se acentuaba la lucha entre los devotos e incrédulos. En este punto es conveniente aclarar que la Babucha no era una pantunfla. El símbolo de nuestro culto, que llegó a ser una verdadera idolatría, era un viejo larguero de puerta, de madera de encino con escopleaduras y zanco de tepeguaje. Parecía algo así como un rudimentario poste totémico. Pues bien, a ese desecho de palo, como de dos metros de largo, se le hacían toda clase de reverencias y sacrificios..."

El culto, que al principio era un juego más, pronto derivó en un verdadero fanatismo y en un sistema opresor. Rafael, como sumo pontífice, castigaba a sus compañeros que no creían en la Babucha, los obligaba arrodillarse ante el larguero de madera y los extorsionaba. El juego se salió de sus manos y pronto se convirtió en una especie de "guerra santa". El bando creyente se enfrentó con los "infieles". En el colmo, Rafael instituyó la inquisición contra todos los que se negaran a creer en la Babucha. Torturas y multas eran comandadas por Rafael. Por supuesto, la situación fue conocida por el director de la escuela cuando "un sacerdote, amigo suyo, le contó que uno de los alumnos, luego de confesarse, le dijo que ya no creía en Dios, sino en la Babucha."

Con esto, don Gabino, el director, decidió poner fin al culto clandestino y ordenó al mozo de la escuela que quemara la mentada Babucha. No sin recibir agresiones de los alumnos, el mozo cumplió las órdenes y hasta ahí llegó el fanatismo de los muchachos.

Al tiempo de sus desórdenes estudiantiles, Juan José encontraba en la naturaleza otro medio de distracción; aunque su comportamiento oscilaba entre la ternura y la crueldad. Cuenta nuestro protagonista que le encantaba observar las mariposas, acariciarlas para, de pronto, desbaratarlas con sus dedos; participaba en la matanza de puercos y reses, tarea muy común en los pueblerinos de su edad pero que Juan José llevaba a los extremos al grado de comerse la carne cruda de estos animales.

Mientras descubría su entorno y vivía todo tipo de experiencias, Juan José comprendió una gran verdad: la literatura y la escuela no necesariamente deben ir de la mano. Bien podría reprobar año tras año y disfrutar libros como *Rosas de la infancia, El jardín de los niños* y aun poemas de Gautier, Nervo, Baudelaire, Gabriela Mistral y muchos que lo marcarían para siempre.

Juan José adquirió inevitablemente la costumbre de comprar cualquier artículo que tuviera relación con la literatura; incluso, compraba unos chocolates con la intención de leer los cuentos que traían impresos en la envoltura o aquellos libritos con relatos que vendían a diez centavos, muy cerca de su escuela.

Para infortunio de Juan José, la sexualidad y la sensación del pecado, le perseguía también en los libros:

> "Un libro atroz que cayó en mis manos fue el llamado *Los conocimientos útiles para la vida privada*, de Suárez y Casañ, donde venía todo lo que es verdaderamente útil para la vida privada, y había otro libro, en la casa, que podría calificar como gemelo de ése, contenía la historia de la prostitución y no sé que hacía allí. Para un niño de doce años en Zapotlán, ésa fue una lectura tan solitaria como afanosa y terrible. No había perversiones que no estuvieran contadas en ese libro. Después de su lectura, no aprendí nunca nada nuevo en mi vida que tuviera que ver con el erotismo. Como nos veíamos obligados a confesarnos cada primer viernes del mes, yo llegaba al confesionario después de esas lecturas, con una enorme carga de pecados, y el cura me ponía una regañiza. Eran, sin duda, libros turbadores, perturbadores, malévolos. No satisfacen la curiosidad, sino que atizan la hoguera. A mí me envenenaron. Curiosamente, ya de joven, de adulto, nunca volvía a leer cosas así, mórbidas."

En la escuela de los señores Aceves, Juan José tendría un acercamiento muy fuerte con los poemas de autores mexicanos como Luis G. Urbina, José Juan Tablada, Ramón López Velarde, Alfonso Reyes, etc. No se puede entrar en el autor si es uno mismo. Pero fue un poema francés, de autor anónimo, el que causó un gran impacto *La canción de Roldán*.

Nuestro protagonista acostumbraba relatar cómo sus compañeros de clase y él se convirtieron en caballeros medievales inspirados por este poema épico.

Como sucedió con el borrego negro, una experiencia infausta le produjo una verdadera fobia de por vida a Juan José. Según el autor un día de 1931, su tío Daniel, mientras conversaba con su padre, auguró que esa misma noche temblaría.

Lo que sucedió después fue insólito. A las tres de la madrugada un terremoto cimbraría las parcelas de Zapotlán y el pueblo entero. Tres minutos duró el terrible fenómeno, Juan José lo recordaría para siempre:

> "Era como el sonido del mar. A esto se agregó el crujir de las maderas y los rechinidos de puertas que se abrían y cerraban solas. Por si fuera poco, el balido de los borregos y todas las otras voces de los animales espantados..."

Otro de los grandes temores de este pequeño, que poco a poco se acercaba a la pubertad, era perderse. Cuenta que cierta ocasión, mientras acompañaba a sus amigos en la cacería de palomas, se perdió cerca de una barranca. Su desesperación fue tan grande que tuvo que gritar y así pasó varios minutos. Para su suerte, uno de sus compañeros lo escuchó y pudo llevarlo hasta su casa. Pero la angustia experimentada jamás lo abandonó. Arreola, aún en su vejez, aceptaba que despedirse en los aeropuertos o antes de cualquier viaje le generaba un sufrimiento insoportable: la sensación de ruptura.

Entre los diez y los quince años, Arreola se vio atraído por la tauromaquia. Su pasión lo llevó a volverse un experto de la fiesta brava. Por supuesto, a cada lidia que asistía le seguía la lectura de un libro relacionado con los toros. Sabía de memoria el nombre de las ganaderías mexicanas y españolas, así como los de toreros ilustres. Su hermana alguna vez lo disfrazó de matador y tuvo la oportunidad de torear algunos becerros.

> "De todas estas aventuras y afanes de torero, solo saqué un golpe de pecho: el que me dio con la testuz, distraídamente un becerro..."

Asimismo, Juan José fue testigo de las actuaciones simpáticas de Mario Moreno "Cantinflas" quien acostumbraba viajar de pueblo en pueblo junto a los matadores y ganaderías más famosas de nuestro país. Según Arreola, "el mimo de México" se presentó en Zapotlán. Juan José y la mayoría de sus paisanos se divirtieron como nunca con la presencia del cómico, que hacía toda clase de malabares frente a las vaquillas y les daba algunos pases con su muleta. En esa ocasión, el animal era tan joven que no pudo con el vigor de Cantinflas y se tiró en medio de la plaza para dormir un momento. El cómico, con ternura de sobra, le acarició y tomó como almohada el vientre de la vaquilla. Después de un silencio general, el mimo se despertó, ayudó a que se incorporara el cornúpeto y con esto se ganó el cariño y reconocimiento del público zapotlanense.

Fue quizás por aquellos años cuando Juan José tendría su primera y definitiva experiencia con las bebidas alcohólicas. Cuenta el autor que alguna vez, acompañado por su hermana y sus primos tomó muchos vasos de ponche de granada. Ingenuos, los muchachos pensaron que se trataba de un simple refresco. Vino la euforia colectiva, cantaron, bailaron, pero, al final, los efectos nocivos de la borrachera se presentaron. Para Juan José fue una experiencia espantosa: el vértigo, las nauseas, la pérdida de la conciencia. A partir de entonces el alcohol y Arreola establecerían una relación casi inexistente.

Como gran parte de jóvenes provincianos, Juan José fue enviado con una persona mayor para que aprendiera un oficio. José María Silva, un pariente lejano, le enseñaría las artes de la encuadernación. Arreola tendría su primer contacto con el mundo editorial, las imprentas, y el encuadernado fino. No sospechaba siquiera que éste sería su trabajo muchos años después.

En 1934, a los 12 años, Juan José abandonaría el trabajo en la imprenta para atender el mostrador de una modesta miscelánea. Allí desempeñaría otras actividades, no muy agradables, como limpiar baños y cargar pesados bultos de hasta 130 kilos.

Ni los toros, ni la lectura

Ni los toros, ni el oficio de encuadernador, ni siquiera la lectura fueron la gran pasión de Juan José Arreola en su niñez y adolescencia. Fue la actuación lo que movía las ambiciones de ese muchacho inquieto que deseaba aprender las técnicas y secretos de los escenarios teatrales. Había visto con gran emoción diversas funciones en el teatro de su pueblo, operetas bufas como *La marcha de Cadiz* que le fascinaban tanto como *La hija del gaitero,* que presenció en el Hospital San Vicente. Ante todo, era un gran admirador del cine francés. Gozaba con las funciones que se ofrecían en las modestas salas de la época. Era un auténtico apasionado del cinematógrafo, admiraba a la mayoría de los actores y actrices franceses en especial a Louis Jouvet, hombre que cambiaría su vida.

Esta pasión lo llevaría a solicitar el permiso de su padre para estudiar actuación en la ciudad de México. Con una carta de recomendación en la que especificaba que su hijo era una persona de bien, honrada, trabajadora y que no había huido de su hogar, el padre de Juan José le ofrecería todo su apoyo moral. El joven, por su parte, tendría que vender su máquina de escribir y una escopeta calibre 24 para costear el viaje. En la ciudad de México, una familia que había dado alojamiento a su primo, Daniel Zúñiga, le esperaba.

Era el primer gran viaje de este muchacho que no sabía lo que le esperaba en la capital del país. Solo, pero con ilusiones muy grandes, el joven Arreola abordó el tren con destino a la ciudad de México. La experiencia sería tan incómoda como inolvidable. Así lo recuerda en su diario:

"Viajo en segundo clase, el asiento es duro como una silla de montar. Tras nueve horas de camino apenas vamos a la mitad del recorrido y ya me duele la espalda. Tengo una gran inquietud y no puedo conciliar el sueño. En la oscuridad de la noche, el tren se ha convertido en un lento dragón dispuesto a devorar todo lo que encuentra a su paso: hombres, árboles, montañas y pueblos enteros. Siento nostalgia. Entre el golpeteo de las ruedas de acero escucho la voz de mi madre que me colma de bendiciones. Recuerdo sus ojos negros como los míos mirándome con una fe que no alcanzo a comprender. Poco a poco la tierra despierta, respira su vaho mineral mientras el cielo abre su único ojo. El paisaje se llena de nubes, de campo en madrugada, de luces que anuncian la llegada del día. Con el aire delgado de la mañana se recobra mi cuerpo adolorido, me pongo de pie lentamente tratando de estirar las piernas, que tengo entumidas; pronto todos mis huesos se acomodan: el cuello, la espalda, la cintura y los brazos vuelven a su sitio. Tengo dieciocho años y mi corazón late con fuerza. Siento la emoción el viajero que llega a la tierra prometida…"

Esa tierra prometida era nada menos la urbe que, décadas después, se convertiría en la más grande del mundo. Arreola, al descender del tren, no pudo soportar las ansias de caminar por las amplias avenidas y conocer algunas zonas de interés y monumentos de los cuales tanto había escuchado. En vez de seguir las indicaciones de su primo, para llegar directo a la casa donde se alojaría, decidió caminar y caminar. Quedó deslumbrado ante la majestuosidad del Palacio de Bellas Artes. Quiso pedir informes acerca de las clases de teatro, pero se encontró con la desagradable sorpresa de que faltaba una semana para que regresaran de vacaciones. Sin importarle mucho se dirigió hacia el gigantesco Zócalo. Comprobó que la gente era muy distinta a la de Zapotlán. Mujeres, hermosas e indiferentes que andaban por las calles solas; hombres con trajes de casimir y elegantes sombreros que apenas lo miraban. La prisa era el sinónimo de la ciudad. Al fin, el muchacho llegó a la dirección indicada: 5 de mayo número 62. En ese lugar lo recibiría Rosita Montenegro, dueña de la casa, lo saludó con mucha efusión y le mostró las habitaciones disponibles. Arreola escogió, por supuesto, la más barata. En realidad su presupuesto era corto, ya que al llegar a la capital, apenas contaba con $13. No obstante, el entusiasta joven, después de ubicarse en su cuarto y de bañarse, salió para seguir impresionándose con la gran ciudad.

Vagando por las avenidas y callejones de México se encontró con una librería enorme. Sin tomar en cuenta su presupuesto, preguntó al dependiente por la mejor edición de *La canción de Roldán*. El empleado en turno le entregó una edición excelente, la mejor en el mercado, cuyo costo era de $6, es decir casi la mitad de lo que tenía. Entusiasmado por el libro a Juan José no le importó hacer un gasto tan excesivo y lo adquirió sin hacer más preguntas.

Una semana después Arreola se dirigiría a las oficinas de la escuela teatral. Allí le recibió Fernando Wagner, un exiliado alemán, especialista en teatro y director de la escuela. Con cierta arrogancia Wagner le preguntó a Juan José qué deseaba y le solicitó algún certificado de estudios, pero el único documento que poseía Juan José era la carta de recomendación que le había dado su padre. Aunque nos desconcierte, el director accedió a que ese muchacho llegado de un pueblo remoto y sin comprobantes de estudios se incorporara a las filas de estudiantes teatrales.

Wagner pulió las cualidades de Juan José. El primer paso fue corregir la forma de recitar. Sin duda que Arreola estaba acostumbrado a la típica declamación, llena de aspavientos y sobreactuada. En poco tiempo Arreola se ganó la amistad del director alemán. Wagner una semanas después de su primer encuentro con el provinciano, le impartía clases de dicción en su propio domicilio ubicado en el Callejón del Sapo. Un hecho muy curioso, si consideramos que Wagner poseía un acento muy marcado. Sin embargo, sus conocimientos le permitieron educar la voz de Arreola.

Para costear las clases Juan José tuvo que buscar trabajo. Cuenta el autor que al hojear el periódico se encontró con un letrero muy llamativo. ¡Qué coincidencia!, el dueño del negocio que ofrecía el empleo era un viejo amigo de Zapotlán. Odilón, dueño de una zapatería, él sería el encargado de dar la primera oportunidad laboral para el joven. Su trabajo consistiría en ofrecer sandalias casa por casa.

Juan José tuvo suerte. Si bien no había nacido para las ventas, las personas lo trataron con solidaridad y paciencia. Sus principales clientes eran las mujeres. Arreola había adquirido el gusto por las damas y se complacía cortejándolas al tiempo que realizaba su labor. Aquí inicia un capítulo definitivo en su vida: las mujeres.

Cuenta Arreola que después de realizar su trabajo, se daba un baño para asistir a sus clases de actuación en la tarde. Allí conoció a una joven llamada Carmen Hermosillo. Se trataba una mujer hermosa y un poco mayor que Arreola. Debido a su convivencia en la escuela no tardaron en establecer una amistad. Carmen ocasionalmente lo llevaba en su coche hasta su departamento. El clímax de esta relación llegó cuando Carmen le dijo a Juan José: "Te invito esta noche a mi casa, quiero que me escuches tocar el piano y que tú me recites unos poemas de Pablo Neruda..."

Arreola, entusiasmado, aceptó (claro, no tenía la menor idea de la sorpresa que le esperaba). Cuenta el autor que al llegar al departamento de Carmen, ésta le recibió con una bata de noche, de seda azul. Más bella que nunca, Carmen le invitó a pasar y a tomar una copa de vino blanco. La elegancia con que habían sido decoradas las estancias del departamento llamaron la atención de Arreola. Carmen tomó asiento frente al piano e inició su concierto. Juan José, arrobado, era testigo de cómo esos finos dedos tocaban las teclas con precisión. De pronto, se escuchó un portazo en la entrada del edificio y Carmen interrumpió su armonía para gritar: "¡Mi marido!"

La mujer tomó a Juan de la mano, lo llevó a una recamará contigua, abrió la puerta del armario y allí lo encerró. Como una escena típica del cine.

Arreola, sufriendo en su encierro, escuchaba la conversación áspera entre la pareja. Al parecer, se trataba de una relación frágil que estaba a punto de disolverse. Carmen, con astucia de sobra, convenció a su marido de que la esperara, la mujer llegó al armario liberó a Juan José de su encierro y le ordenó esperarla en el balcón. Arreola obedeció, pero se preguntaba qué podría pasar. Escuchó algunos gritos y unos golpeteos en la puerta de salida y al fin llegó el silencio. Carmen había despedido a su esposo y la situación era menos tensa. Ella le pidió disculpas y acompañó a Juan José hasta la calle. Allí quedó la primera aventur amorosa del autor.

Sin embargo, un amor terrible lo esperaba. Resulta que en las clases de teatro apareció Cora, una joven de 19 años, bella y extrovertida que al principio le resultó antipática:

> "Su desparpajo me molestó, tenía una especie de facilidad para molestarme y yo no estaba acostumbrado a ese tipo de mujer... La veía muy desenvuelta para su edad, en mi pueblo una mujer así era mal vista..."

Sin embargo, la jovencita tenía un encanto muy especial. En los ensayos se mostraba coqueta y sus besos y abrazos no parecían una actuación.

> "...en todos los ensayos me seducía y se sentaba en mis piernas. Yo me excitaba mucho... no supe en qué momento el teatro sustituyó a la realidad, pero en los ensayos de esta obra y en los de Anatole, que hacíamos al mismo tiempo bajo la misteriosa dirección de Wagner,

quedé como hechizado. La verdad es que con Cora pasé de la antipatía inicial que sentí por ella, cuando la conocí, a una especie de adoración, de encantamiento..."

Lo peor es que Cora no olvidaba el trato que Juan José le ofreció al principio, así es que no tardó en vengarse. En efecto, la joven al saber que Arreola se había enamorado de ella le desdeñaba una y otra vez.

> "...comencé a enloquecer, a veces la tenía en mis brazos... era mía. Luego, en la realidad, me despreciaba."

Al tiempo de los desprecios, Juan José se introducía en el mundo de la radio. Al principio participó como ayudante de Marco Antonio Alburquerque, conocidísimo locutor de la época quien le iniciaría en las lecturas de autores como Sigmund Freud y Jung. Con el tiempo sería contratado por la XEQ donde se desempeñó de una manera profesional, haciendo diversos papeles para radionovelas. Allí pudo coincidir con actrices como Blanca Estela Pavón.

Otro de los eventos que se registraron en aquellas épocas fue la salida de Fernando Wagner de la dirección de la escuela teatral y el ingreso de Rodolfo Usigli en su lugar. Este personaje, como veremos en los capítulos siguientes, fue otra de las figuras que marcarían la vida de Arreola.

Un tópico que había escapado en el panorama intelectual de Juan José era la política. El socialismo, vertiente que contagiaba todos los sectores de la sociedad mexicana, tocó al mismo Arreola:

> "...elegí una especie de izquierda, sin tener entonces, ni nunca, conocimientos del marxismo."

Fue partícipe de las causas sociales e incluso acostumbraba declamar en recitales de la Liga de Escritores y Artistas

Revolucionarios, donde conoció a grandes figuras de la poesía como Nicolás Guillén.

Juan José después de muchos desaires y propuestas a Cora, tuvo por fin una repuesta favorable. En 1938, Cora y Juan José caminaban juntos por las calles de México, visitaban los cines más famosos. Claro, la muchacha no dejaba de atormentar a Juan José: tenía la costumbre de plantarlo bajo cualquier pretexto.

La relación era un como un vaivén. A veces Cora se mostraba agradable pero en otras ocasiones parecía estar incómoda al lado de Juan José. Éste se atormentaba ante dicho comportamiento. Unas veces no lo llamaba y otras lo buscaba con desesperación. Sin duda, el joven sospechaba que esta la relación le causaría daño.

Pero una tragedia mayor ensombrecería la vida de Juan José ese mismo año. Con motivo de las bodas de plata de sus padres, Arreola tomó el primer tren para Guadalajara. Al llegar a la capital jalisciense lo recibieron sus primos con una terrible noticia: Elena, la hermana que con tanto cariño lo había cuidado, estaba muerta. Así lo detalla Juan José en su diario:

> "Llegué a Zapotlán al mediodía. Mis hermanos me abrazaron enloquecidos de dolor y mi mamá se desmayó al verme. Ha sido horrible. La enterramos a las cinco en punto de la tarde.... Asistieron todos los parientes, los amigos..."

De regreso a la ciudad de México, y con la esperanza de olvidar la tragedia Juan José puso mayor empeño en sus estudios y en las funciones teatrales. En el año de 1939 conoció al reconocido poeta Xavier Villaurrutia quien daba clases de teatro en el Sindicato Mexicano de Electricistas. Inquieto, el joven Juan José se integró a la compañía de Villaurrutia para participar en las obras *En qué piensas* y *Napoleón*, ambas fueron estrenadas en un teatro de la SEP.

Su economía tuvo un alza considerable debido a que su primo Enrique Roela, lo recomendaría para trabajar en la oficina de José de Jesús Galindo, colaborador del Banco de Comercio. Desde su oficina, Arreola tenía la oportunidad de llamar una y otra vez a Cora. En cierta ocasión, durante un viernes santo, la pareja estuvo a punto de tener un encuentro íntimo. Sin embargo, el inexperto y joven Juan José no tuvo el suficiente arrojo cuando se acercaba el momento climático. La pareja inició una discusión por un tema absurdo y al final la ruptura pareció sobrevenir. Se despidieron. Juan José pensó que ese sería su último encuentro con Cora.

Pero se equivocaba, su pasión por la muchacha era muy grande y no tardó en buscarla. Para su fortuna, Cora lo perdonó y al final le dio la esperanza de una nueva cita. Quince días después la pareja paseaba por el bosque de Chapultepec y lo demás sólo puede describirlo nuestro protagonista:

En 1939 se integró a la compañía teatral de Xavier Villaurrutia.

"La invité a comer a mi casa y Cora aceptó de buen grado. Entretenidos y alentados por el sano propósito de comer, ente bromas y chistes sobre mi experiencia de cocinero, llegamos otra vez a mi célebre estudio de la colonia Tabacalera. Esa tarde de primavera de 1939, sin más preámbulos que nuestra maravillosa juventud, nos hicimos amantes y dejamos de ser aquella pareja inocente y atormentada de juventud, como si fuera un boceto de una obra inconclusa jamás terminada por el tiempo."

La última aventura en la ciudad

La última aventura de Juan José en la ciudad de México la emprendió junto con Rodolfo Usigli. Resulta que el dramaturgo mexicano fundó una escuela de teatro en la casa de la señora Emma Fink, hermana del reconocido cineasta Agustín Fink. Juan José decidió renunciar a la escuela de Bellas Artes para seguir a su maestro. Pronto se fundaría una compañía teatral con el nombre de Teatro de Medianoche.

Gracias a las influencias de Usigli, la compañía consiguió espacios en el cine Rex y otra salas reconocidas de la ciudad. Pronto presentarían al público obras como *Ha llegado el momento, El solterón* (ambas de Villaurrutia), *A las siete en punto, Antes del desayuno* y *El canto del cisne.*

La compañía tuvo la suerte de convocar a un público elitista. Creadores reconocidos como Alfonso Reyes, Diego Rivera, Luis G. Basurto, José Bergamín y otros se daban cita para contemplar las actuaciones de la compañía Teatro de Medianoche. Sin embargo, ésta cansaba a sus principales espectadores por lo cual tuvo que emigrar a otra ciudades. Rodolfo Usigli planeó una gira cuya primer escala sería la ciudad de Celaya. Cada uno de los actores tuvo que aportar una cantidad de $500 con lo cual se conformó una especie de cooperativa.

La compañía teatral llegó con mucho entusiasmo a Celaya, se instalaron en un hotel de reconocido nombre y pronto se dieron a la tarea de prepar los detalles para la función inaugural. Usigli encomendó una tarea a Juan José: visitar al presidente municipal de Celaya para pedirle su apoyo. Arreola obedeció y pudo entrevistarse con el político en cuestión. La función no tuvo éxito, menos de veinte personas se dieron cita esa noche.

> "Todos pensamos que con la venta de boletas de nuestra primera función tendríamos para pagar el hotel y nuestros gastos, pero no fue así. Nos sentimos incómodos por no tener para pagar y por pensar que en la segunda noche nos pasaría lo mismo. Por ello, Rodolfo habló con el administrador del hotel, para negociar nuestra permanencia ahí sin pagar un centavo. La segunda noche tampoco tuvimos público, y la tercera nos fue peor."

Desesperado, Rodolfo Usigli mandó un telegrama a su gran amiga Dolores del Río, para que le ayudara con dinero. La diva del cine nacional no contestó, pero José Mojica y Pepe Ortiz, actores y amigos de Usigli que vivían en San Miguel de Allende, respondieron al SOS. Además, la compañía fue transportada hasta aquella ciudad de Guanajuato donde tuvieron una mejor acogida. Sin embargo, la situación económica no mejoró. Todos los miembros del Teatro de Medianoche quedaron prácticamente en la ruina.

Juan José consideró que estos incidentes marcaban su fracaso fuera de su tierra natal. Sin dudarlo, se despidió de Cora, del teatro y de esa ciudad que al principio le había impresionado pero que entonces aborrecía.

> "El precio que pagué por aprender a vivir fue muy alto, porque mi corazón y mi cabeza ya estaban enfermos. Al partir el tren, sentí como si un vendaje se despegara de mis ojos. México quedaba a mis espaldas, lo veía girar como una inmensa ruleta en la que todo se me confundía..."

Pero lo que encontró en Zapotlán no fue nada agradable. Su familia pasaba por una seria crisis económica. La decisión de los Arreola fue unánime: emigrar a Manzanillo, Colima. Juan José se solidarizó con los suyos y se estableció en esa ciudad del Pacífico mexicano. Allí su vida cambió radicalmente. Con la firme intención de casarse, Juan José dedicó la mayor parte de su tiempo en conseguirse una novia para vivir con ella. En esta ocasión fue su oficio, el de tepachero, el que obstruyó su vida sentimental. Alicia Kim, una de las jóvenes que correspondió a Juan José al enterarse que éste vendía tepaches por las calles de Manzanillo decidió dejarlo.

Con todo, parece que Juan José era muy feliz en aquel lugar. Gozaba recorriendo las playas casi vírgenes y la lectura de libros como *Rojo y Negro* y *Los endemoniados.*

Todo indica que el negocio de tepache prosperó, al grado de que Juan José pudo pagar las deudas que tenía en la ciudad de México. Tres meses fueron suficientes para que Arreola juntara dinero y pudiera regresar a su querido Zapotlán. Gracias a un viejo amigo, Alfredo Velasco Cisneros, Juan José conseguiría una plaza como maestro de secundaria al tiempo que daba sus primeros pasos como escritor.

Sueño de navidad, un cuento que formaría parte de *Varia Invención,* marcó su entrada en el mundo de la literatura. Un periódico local, *El vigía,* tuvo a bien mostrar lo que un joven zapotlanense era capaz de escribir, he aquí un fragmento:

> "Cuando volvieron a clase, estuvo pensando que iban a descubrirle, y esperó ansiosamente que alguien lo hiciera. Le habría gustado decir: 'El empujó primero'. Pero sólo sus amigos lo habían visto, y Julián no dijo nada. Varias veces lo vio Jorge en la clase, muy serio, con la mejilla un poco abultada. ¿Por qué no decía nada? A Jorge le hubiera gustado disculparse."

Sus exhaustivas lecturas de Freud, Adler y Jung tuvieron como fruto *El análisis de un sueño,* texto que ahonda en temas psicológicos. Sin embargo, las afecciones retardaron la proyección de este autor zapotlanense.

En febrero de 1941, Juan José, acompañado por su primo Salvador y un grupo de amigos, viajaron a la ciudad de México. Se trataba de una visita relámpago que tenía como propósito recorrer los lugares más atractivos de la Ciudad de los Palacios. Juan José, aunque guardaba ciertos rencores a la capital, no tuvo objeción en fungir como guía. Fueron tres días en los que Arreola evitó, a toda costa, reencontrarse con sus conocidos y por supuesto con Cora.

En el camino de regreso a Zapotlán, Juan José sufrió una congestión alimenticia la cual se complicó con una infección intestinal. Por alguna razón, estos males derivaron en una seria crisis de nervios, tan severa, que Juan José pensó en el suicidio.

El grupo debió hacer una escala en Morelia y esa noche fue terrible para Juan José. Relata el autor que su vida sufrió un cambio desde entonces.

> "Allí surgió la neurosis de angustia que me ha acompañado toda mi vida..."

Cuando llegó a Zapotlán Juan José se encontraba un poco grave. Consultó a los mejores médicos de la región y todos coincidieron en que sus afecciones tenían origen en el sistema nervioso. Descanso y vitaminas fueron las principales recomendaciones de los médicos.

En diciembre de 1941, Juan José, por razones desconocidas, volvió a la ciudad de México. Allí desempeñaría un pequeño trabajo en la oficina del señor Galindo. Pero su enfermedad lo acosaba y ésta se recrudecía debido a la soledad. El señor Galindo le recomendó visitar al doctor José de Jesús Marín Preciado, una eminencia en el campo de la medicina. Arreola asistió a la consulta y el diagnóstico fue que, aparte de sus padecimientos nerviosos, el autor tenía el estómago caído, diez centímetros debajo de lo normal.

Juan José renunció a su trabajo en la capital y regreso a su pueblo. Lo que le esperaba era por demás alentador. Resulta que doña Margarita Palomar de Mendoza y su esposo Alfredo Velasco le invitaban para formar parte de una compañía teatral. Arreola, olvidando sus malas experiencias, aceptó y al tiempo de sus clases como profesor de secundaria, participaba como actor en varias funciones. Asimismo, Juan José continuaba su trabajo literario. Parece que unos días antes de que terminara el año 41, escribió *Hizo el bien mientras vivió*, su primer trabajo reconocido. Asegura Arreola en su diario:

> "Hace unos días terminé el cuento *Hizo el bien mientras vivió* que es, a la fecha, lo más pasable que he escrito."

El ajedrez, el juego intelectual por tradición, le sería descubierto a Juan José muy probablemente por aquellas fechas. Según el autor, el encuentro fue accidental ya que cortejaba a una jovencita llamada Judith cuyo padre era aficionado al ajedrez. Don Luis, el padre de la joven, se encargó de iniciar al joven en el fabuloso divertimento. Pronto, la pasión que alguna vez tuvo por el teatro, el cine y la literatura explotó con el ajedrez.

> "Por el ajedrez era yo capaz de dejarlo todo. El ajedrez me hacía olvidar mis grandes penas de amor. En el momento en que negras y blancas están en su lugar, y mi adversario juega peón cuatro rey o yo —si abro la partida—, en ese momento se detiene el mundo para mí, y todo el espacio del universo se contrae hasta medir ocho casillas por ocho... Llegué a jugar simultáneamente en una escuela normal de Zapotlán, yo contra quince adversarios. Gané catorce partidas y empaté una."

Su pueblo tan querido, recibiría una visita inesperada en el año de 1942. Se trataba del célebre poeta chileno Pablo

El ajedrez me hacía olvidar mis grandes penas de amor.

Neruda. ¿Por qué visitó un poblado tan pequeño de Jalisco? Resulta que un zapotlanense llamado Cesar Martino tenía muy buenas relaciones con el autor de *Veinte poemas de amor y una canción desesperada.*

Pronto se divulgó la noticia y se hicieron los preparativos para la recepción. Se pensó en una cena de gala a la cual asistiría lo más selecto de Zapotlán. Juan José tuvo la fortuna de ser invitado nada menos que para pronunciar el discurso de bienvenida y recitar algunos poemas de Neruda. Cuenta Arreola que el lírico chileno quedó sorprendido con su interpretación de las composiciones *Farewell* y el conocidísimo poema veinte. En realidad que Neruda estaba encantado con el chico, le propuso que lo acompañara en su viaje a Rusia, como secretario particular. Sin embargo, la esposa de Neruda lo disuadió:

> "Yo te aconsejo que lo pienses muy bien, porque con Pablo la vida es difícil; se desvela todos los días, empieza a beber en la tarde y se sigue hasta el amanecer, exactamente igual como lo está haciendo aquí en estos momentos. Al día siguiente, se levanta al mediodía, trabaja un rato y por la tarde vuelve a las andanzas. Viaja mucho y no se queda en ningún lugar. Por más admiración que le tengas, quiero que sepas que te costará mucho trabajo acostumbrarte a convivir con él..."

En la madrugada, Pablo, bajo los efectos de una leve embriaguez debido al ponche de granada que se le ofreció, fue acompañado por Arreola y otros compañeros hasta el hotel donde se hospedaba. El bardo chileno se conmovió ante el paisaje por lo que dijo: "Aquí las estrellas se pueden tomar con la mano, nunca había visto a las estrellas sobre los tejados, así de grandes, así de luminosas. "; al tiempo que agitaba sus brazos como si se desplazara en el infinito.

Al día siguiente, Arreola y sus compañeros fueron a visitarlo a su hotel y se encontraron con un Neruda rozagante, vestido con gran elegancia y sonriente. Lo invitaron a dar una vuelta por el jardín hasta llegar a la iglesia de Zapotlán. Neruda, encantado con el pueblo, escribiría a propósito un soneto:

> Ciudad Guzmán, sobre su cabellera,
> De roja flor y floresta cultura,
> Tiene un tañido de campana oscura,
> De campana segura y verdadera.

Martino, tu amistad está en la altura,
Como el tañido sobre la pradera
Y como está sobre la primavera
Temblando el ala de la harina pura.

De pan y primavera y campanada
Y de Ciudad Guzmán empurpurada
Por el latido de una flor segura
Está Martino tu amistad formada
Agraria y cereal como una azada
Alta y azul como campana dura.

Ella es lo más parecido a una flor

"Ella es lo más parecido a una flor. Una flor clara y alta sobre su tallo. Su cabellera corona la gracia con que camina, el donaire de sus movimientos, el color de sus ojos, toda ella me hace percibirla como una flor. Su edad es la misma de las flores, parece que no durará mucho tiempo. Luego me asombra verla igual al día siguiente, con su serena y radiante hermosura. ¿Por cuánto tiempo la he de ver alzar sobre mi mundo la flor intacta de su vida?"

Así describe en su diario Juan José Areola a quien más tarde sería su esposa, su mejor compañera: Sara Sánchez Torres. Esta jovencita de apenas 13 años, nativa de Tamazula, Jalisco, estableció en poco tiempo una amistad muy inocente con Arreola. Se citaban en el jardín, compartían algunas lecturas, pero pronto Juan José tomó la iniciativa y le propuso noviazgo. Sara, lo desalentó con una frase diplomática: "Esas cosas son una perdedera de tiempo y yo tengo que estudiar." Sin embargo Juan José no bajó los brazos y aprovechaba cualquier pretexto para verla.

En un momento dado, Sara le solicitó a Juan José que la dejara de perseguir. Arreola, un poco más experimentado le propuso un trato: la dejaría de acosar sólo si aceptaba ser su novia secreta. Sara guardó silencio lo cual indicaba la aceptación.

Juan José pensaba seriamente en el matrimonio, parece que entre más pronto contrajera nupcias su neurosis disminuiría y su salud tomaría nuevos bríos. Pero el salario que obtenía como profesor era mínimo, así es que el autor tuvo que abandonar de nuevo Zapotlán, esta vez para instalarse en Guadalajara.

Allí lo recibió su hermana Cristina, quien residía desde hace algunos años en la Perla Tapatía. Pronto, los familiares de Juan José le ayudaron a conseguir trabajo. Fue precisamente su primo, Enrique, quien le dio una tarjeta de recomendación para que se entrevistara con Jorge Dipp, director del periódico *El occidental*. De inmediato, Dipp abrió las puertas de su publicación, para que Juan José colaborara. El sueldo que se le ofreció fue maravilloso: $150. Lo que jamás había ganado.

En un breve lapso, Arreola saltó de un puesto casi administrativo a la página literaria que el periódico publicaba los domingos. Allí escribiría decenas de artículos. Sin embargo, por las mismas fechas, Juan José recibiría una carta por demás desconcertante. La escribía nada menos que Sara. La misiva anunciaba una noticia terrible: la jovencita daba por terminado el noviazgo. Lo primero que se le ocurrió a Juan José fue buscar refugio en otras mujeres.

Guadalupe y Xóchitl Díaz de León eran hermanas tanto de sangre como de gustos. En Guadalajara eran celebres por su amor a la literatura ya que en su domicilio se reali-

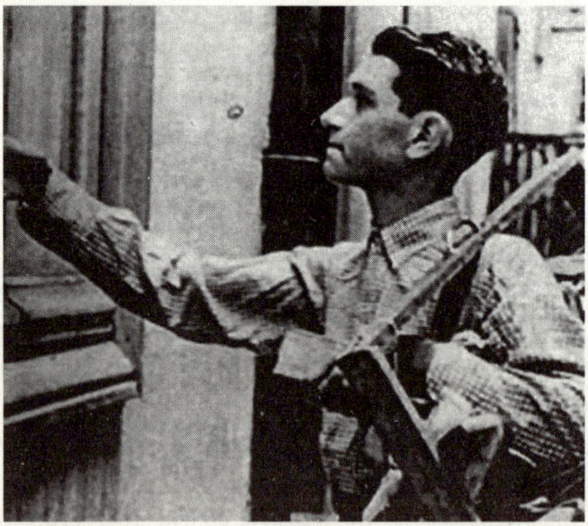

El joven Arreola encontró refugio en los brazos de Guadalupe Díaz de León.

zaban semanalmente tertulias, a las que inevitablemente llegó un apasionado de las letras como Juan José. Todo indica que el joven, desesperado, encontró un refugio amoroso en Guadalupe, éste duró muy poco. No obstante, su asistencia a las tertulias fue por demás provechosa. Allí conocería a Octavio G. Barreda, reconocido literato de entonces, quien le publicaría en *Letras de México* su último trabajo: *Un pacto con el diablo.*

Arturo Rivas Sainz fue otro personaje que Juan José conoció en las veladas literarias de las hermanas Díaz de León. Cuenta Arreola que al mostrarle su cuento *Hizo el bien mientras vivió,* Rivas, entusiasmado le sugirió: "Esto hay que publicarlo cuanto antes, te propongo que hagamos una revista literaria de carácter monográfico para publicar íntegro el texto."

Así nacería *Eos, Revista Jalisciense de Literatura.* El primer número vio la luz un 30 de julio de 1943. Además de *Hizo el bien mientras vivió,* la revista contenía poemas de Rafael Alberti y notas acerca de *El gesticulador* de Usigli. La publicación contaba con el apoyo de cultos diletantes como Rodolfo González Guevara, Antonio Orendáin y de instituciones públicas como la Universidad de Guadalajara e incluso pequeños negocios como la farmacia Rex, la librería Nueva Idea y la imprenta Gráfica. Todo indica que el medio literario recibió muy bien a *Eos,* tanto que Octavio G. Barreda escribiría:

> "Apresurémonos a saludar a la nueva revista jalisciense de literatura. Ahora se llama Eos, y la editan Arturo Rivas Sainz y Juan José Arreola. De este último se publica un excelente cuento, *Hizo el bien mientras vivió,* realizado muy sagazmente por medio de un cuaderno de memorias. Hace tiempo que no leía una narración mexicana tan valiosa como ésta, tan dueña de sus pasos y, en fin, gratamente anunciadora de un futuro novelista digno de tal nombre."

El autor se concentraba en las publicaciones pero recordó que debía atender los asuntos sentimentales. Con gran dolor vivió esos tiempos. Para su fortuna llegó a sus oídos una grata noticia: la familia de Sara se había establecido en Guadalajara. De inmediato Juan José se entregó a la tarea de buscarla. Indagó con todo mundo hasta enterarse que Sara asistía a una academia de la ciudad. Sin otra idea en la mente, el autor acudió al sitio para esperar la salida de las estudiantes. Y en efecto, comprobó que Sara salía de sus clases. Sin embargo, la muchachita enterada de que Juan José la esperaba huyó acompañada por su hermana Laura.

La perseverancia es una de las constantes en la vida de nuestro protagonista. Juan José, acudió una y otra vez a la academia hasta que pudo interceptarla y hablar con ella. De viva voz se enteró de que Sara había decidido romper con él debido a los consejos de sus hermanos. Según ellos, Arreola era un tipo que no lograría nada con la literatura y nunca aspiraría a un nivel económico deseable, en pocas palabras no era un buen partido.

Juan José como era de esperarse la convenció del error que cometían sus hermanos. Él era un hombre rico en cuestiones espirituales, mientras que sus hermanos eran pobres en cultura e imaginación. Sara comprendió que estas palabras guardaban una enorme sabiduría así que accedió a continuar con Juan José. Claro, el novio tuvo que entrevistarse con su madre para solicitar el permiso. Rápidamente Juan José tendría una respuesta alentadora, así lo afirma en una carta dirigida a su madre.

Guadalajara, agosto de 1943

"...mi amistad con Sara se rehizo. He encontrado en ella un apoyo y un norte para mi vida. Nuestro trato se ha formalizado mucho. Tanto que no podría yo prescindir. Parece ser la persona que está destinada para compartir mi futuro. Yo quisiera saber que usted también la encuentra digna de todo afecto. Me gustaría que nuestros proyectos recibieran su aprobación."

Por supuesto que Arreola contaría con el apoyo de sus padres. La boda se programaría para julio de 1944. Así describe la víspera de ese fabuloso día Juan José:

> "La cosa se presenta como éxito, sobre todo la indumentaria de Sara, que promete ser extraordinaria."

Como se había previsto, la boda fue todo un evento, al cual asistieron los parientes de las respectivas familias. A partir de entonces, comienza la vida como hombre casado para Arreola, una nueva vida que le ofrecería la paz que tanto buscó y que en nada afectaría sus proyectos personales.

Debido a la falta de textos que fuesen dignos de publicar en *Eos,* la revista despareció. La fortuna los sacó adelante. Gracias a un directivo de *El occidental,* Juan José conocería a Antonio Alatorre quien por aquellos tiempos era colaborador de la revista *Tribuna.* Hubo una gran empatía entre estos dos personajes que intercambiaron lecturas, puntos de vista y gran parte de su tiempo libre.

La amistad se hizo tan fraterna que Alatorre y Arreola decidieron fundar una nueva revista: *Pan.* El porqué de este nombre nos los aclara el gran amigo de Juan José:

> "Alguien malévolo o simplemente chistoso, dijo que le pusimos *Pan* a nuestra revista para que Efraín González Luna, uno de los ideólogos-fundadores del PAN nos la subsidiara. Por supuesto que no. Fue pura coincidencia. En la mente de Arreola, Pan significaba a la vez el alimento casero y el simple y primitivo dios arcádico de los campos y las montañas, de las greyes y colmenas, independientemente de los refinados olímpicos..."

El número uno de la revista *Pan* no tardó en aparecer. Su divisa era la siguiente:

"Hacer una revista literaria en Guadalajara, es tarea que ofrece a sus emprendedores más de un triste presagio.

El ejemplo de las publicaciones que nos han precedido no es ciertamente halagador. Todas ellas, sin contar una sola excepción, tuvieron vida episódica y señaladamente difícil.

Ahora, en lugar de asumir una responsabilidad superior a nuestras fuerzas, plantamos este germen de revista que sólo alcanzará su mejor desarrollo si a ella concurren nuestros amigos.

Publicando con el mayor decoro posible los originales que nos sean confiados, esperamos que nuestra obra tenga muy pronto el mérito que trata de alcanzar."

El mismo año Juan José conocería a ese gran autor que formaría a su lado "la yunta de Jalisco". Se trataba del inmortal Juan Rulfo. La amistad no tardó en forjarse:

"..visitábamos las librerías de viejo y de nuevo, nos reuníamos en el café Nápoles, asistíamos con frecuencia al cine y alguna vez me invitó a su casa a escuchar música clásica... otra actividad que realizábamos junto con Antonio Alatorre fueron las largas caminatas por los alrededores de Guadalajara, especialmente los sábados y los domingos."

Pudiera asegurarse que Arreola fue el descubridor de Rulfo. Cuenta Juan José que un buen día Rulfo llegó con un texto intitulado *Nos han dado la tierra*. Arreola al comprobar su calidad no tuvo otra respuesta que sugerirlo para su publicación en el número 2 de *Pan*. Aunque *La vida no es muy seria en sus cosas*, había sido publicado en la revista América, la publicación de *Nos han dado la tierra* dentro de las páginas de *Pan* fue la catapulta que impulso a Rulfo hacia el olimpo de las letras mexicanas.

Un gran cambio

El año de 1945 fue decisivo en la vida de Juan José. Un gran cambio le esperaba. París, la ciudad que tanto soñaba gracias a las lecturas y a las crónicas de autores tan importantes como José Juan Tablada, Alfonso Reyes y Arqueles Vela, pronto lo vería caminar por sus calles.

La suerte, la casualidad, no lo sabemos. El caso es que en junio de 1944 llegó el actor Luis Jouvet a la capital de Jalisco. Según los datos, el actor fue invitado por los residentes de la colonia francesa en aquella ciudad para que se presentara con su compañía teatral. Jouvet y sus compañeros habían huido de París ante la invasión alemana y encontraron en Latinoamérica muy buena aceptación. Juan José era un auténtico adorador de Jouvet así es que no tardó asistir a la recepción que se hizo en la terminal de trenes. Antonio Alatorre describe así, la idolatría que mostró Juan José al actor:

> "Cuando Jouvet llegó con su trouppe a Guadalajara, Arreola, pobre de solemnidad, compró un ramo de rosas y fue, sin que nadie se lo pidiera, a recibirlo a la estación. Yo tímido, me quedé a un lado, pero presencié la escena: Jouvet, resplandeciente, en el estribo del tren; Arreola, en el andén, ofreciendo a dos manos sus rosas e inundando al dios en un mar de bienvenidas; y Jouvet en actitud de recibir la ofrenda, inmóvil como estatua, abriendo tamaños ojos, hechizado por el extrañísimo idioma de su adorador."

Pero ¿quién era este actor y qué cualidades tenía para haber encantado a Juan José? Según nuestro protagonista Jouvet, aunque en apariencia desgarbado, imponía con su figura. Además, había superado un problema muy grave para ser actor: la tartamudez. A pesar de sus bemoles Jouvet se las había ingeniado para sobresalir en el ambiente artístico de Francia y era tan reconocido como otras figuras de su tiempo. *Los bajos fondos*, película que se proyectó en México en 1936, fue la cinta que inmortalizó a Jouvet, sobre todo en la memoria de Juan José.

Encantado por el visitante, Arreola lo persiguió por donde quiera que se presentara. Cuenta el autor que, cuando Jouvet y su compañía se presentaron en el teatro Degollado, se apersonó a la salida con la esperanza de hablar con su ídolo. Esperó dos días sin obtener resultados favorables. Al fin, Jouvet salió con un poco de prisa y Juan José no dudó en interceptarlo. Le habló en un francés rudimentario (que asegura haber aprendido de tanto ver películas francesas) y le demostró los conocimientos que tenía acerca de sus filmes, de su vida y de su trayectoria. Jouvet, impresionado, le concedió una cita en el Hotel del Parque a la hora del desayuno el siguiente día. Juan José no desaprovechó la oportunidad y le comentó a Jouvet que su máximo sueño era continuar sus estudios de teatro en París. Jouvet al principio se mostró rígido y poco consecuente, pero al final le hizo la siguiente promesa:

> "En cuanto termine la guerra, que ya está por terminar, yo te apoyo para que te vayas a París a estudiar teatro."

Louis le proporcionó su dirección para que le escribiera en cuanto el conflicto terminara y él pudiera regresar a su patria. Juan José, al mismo tiempo, le correspondió con la suya.

Entusiasmado, Juan José escribió varias reseñas en *El occidental* acerca del personaje que pronto cambiaría su vida

Gran sorpresa se llevó Juan José un día de 1945 cuando abrió una carta mandada desde París. En ella Jouvet le reafirmaba su apoyo y lo invitaba a la capital francesa.

Arreola investigó los trámites que debía realizar para que la embajada francesa le facilitara una beca como estudiante. Así supo que requería de algunas cartas de recomendación, mismas que solicitó a personalidades como Alfonso Reyes, Xavier Villaurrutia, Fernando Wagner y Octavio G. Barreda. Éstos no defraudaron al joven.

La embajada de Francia no tardó en dar respuesta favorable a su solicitud y Juan José se apresuró a juntar recursos para su viaje. Pronto se entregó a la tarea de vender sus libros. En la ciudad de México, algunos de sus compañeros se enteraron de la aventura y decidieron hacer una colecta a su favor. El mismo expresidente Emilio Portes Gil le apoyó con $100. La mayoría de estos recursos Juan José los invirtió en comprar ropa que contrarrestara el invierno que le esperaba en París.

Debido a que los viajes en trasatlántico debían ser tomados en Nueva York, Juan José tuvo que trasladarse a la ciudad de los rascacielos vía terrestre. El viaje fue confortable, no obstante el largísimo trayecto. Durante el recorrido se encontró con una joven llamada Esperanza Pulido quien tenía como destino, casualmente, la ciudad de París. Con ella las horas fueron menos tediosas al llegar a Nueva York, Pulido le ofreció alojamiento en la casa de algunos amigos.

Lo que al principio era una espera de tres días para que el trasatlántico zarpara, se convirtió en un par de semanas. Por este motivo los fondos de Juan José disminuyeron, al grado de que tuvo que reducir considerablemente sus gastos. Para su suerte, el *Liberty*, famoso trasatlántico anunciaría su partida con rumbo a París.

El viaje a través del *Liberty* fue impresionante. Al abandonar las costas neoyorkinas, Arreola experimentó esa sensación de ruptura de la cual hablamos capítulos atrás y cuyo origen se remontaba a la infancia. Juan José, amedrentado por la lejanía de su tierra natal y el movimiento del barco se recluyó en su camarote. Allí, en soledad, tuvo que tomar una decisión:

> "...cogí los cordones de los calzones blancos de los indígenas de Zapotlán y también los calzones blancos que tuve de niño y más que de niño, de adolescente, hechos por mi madre... me los fajé al son de esta frase: 'te callas, te aguantas, te despides y te mueres.'"

Más adelante cuando el *Liberty* navegaba a mitad del Atlántico , una tormenta amenazó la seguridad de los pasajeros. Según la tripulación se trataba de un fenómeno sui géneris por su intensidad. Lo que hizo que nuestro protagonista tomara la descabellada decisión de salir a la cubierta:

> "Me levanté y con grandes trabajos, agarrado de tubos y pasamanos recorrí el camino de los simulacros, porque me dije: "yo esto no me lo pierdo" hasta llegar a cubierta. Me di vuelta, vi una especie de escalinata, la subí, di una vuelta... y llegué así a la barandilla de mi especie de mirador. Me agarré a la barandilla con las dos manos —y con toda mi alma- y mi asombro es enorme, porque no veo el barco, ni mar ni cielo, era como si yo estuviera flotando en el vacío. Pero esta impresión cambió cuando vi una parte del buque: las bajadas y subidas que le hacían dar las olas provocaban esas apariciones y desapariciones: el agua inundaba la proa y después se escurría todo, una y otra vez. No sé cuanto permanecí allí, fascinado, empapado. El agua, por supuesto, estaba helada."

La llegada al puerto de Havre fue toda una decepción. El autor esperaba encontrar los famosos diques de cinco metros de espesor que formaban el puerto; mas lo que encontró fue muy distinto: barcos oxidados, hundidos por la reciente guerra, un paisaje totalmente gris desde el cielo hasta el mar, en resumen, un depósito de chatarra gigantesco.

Otra incómoda sorpresa fue la noticia de que su equipaje se había perdido. Juan José buscó por todas partes del barco, sin resultados favorables. Con sus peores pantalones, el saco y el suéter más pobres y un abrigo, ese sí, de los buenos, Arreola dio sus primeros pasos en tierras francesas.

Ya en las calles aledañas al puerto Juan José encontraría un paisaje conmovedor:

> "El Havre era una ciudad fantasmagórica que parecía hecha de escenografías, todo estaba destruido, y habían quedado las fachadas de muchos edificios y casas, ventanales que daban al vacío, muros desgarrados, escombros y más escombros, y muy pocas personas, con abrigos, que también parecían, ellas mismas, su propia ruina."

Acompañado por Esperanza Pulido, dos venezolanos y un peruano que había conocido en el *Liberty*, Arreola abordó el tren que le llevaría a París. En el transcurso del viaje, un español que había servido a las fuerzas francesas, se les acercó. Se trataba de un hombre maduro que vestía un largo saco y cuya conversación era amena a más no poder. El español, aunque poseedor de una cultura general muy buena, guardaba un penoso secreto: ese gran saco que le cubría era su única vestimenta. Arreola y compañía se sorprendieron cuando comprobaron que en las pliegues de su saco se había cosido los restos de un pantalón.

En el gare de Saint Lazare, el tren hizo su parada. Allí lo recibió monsieur Balanca, un hombre de edad avanzada. Balanca le dio la bienvenida, al tiempo que lo citaba al día siguiente en la Cité Universitaire, para que cobrara el monto de su beca. Juan José tuvo la suerte de alojarse en uno de los hoteles más bellos de París: el Lutétia.

Al siguiente día, el señor Balanca desayunó junto con Arreola. Como el lector comprenderá, el desayuno fue por demás austero, pues las provisiones escaseaban debido a la guerra. Arreola después de engullir un pedazo de pan con un poco de jamón y huevo se dirigió al consulado de México. Allí tuvo la grata sorpresa de encontrar a su maestro Rodolfo Usigli y a Bernardo Reyes, hijo del maestro don Alfonso Reyes.

A ritmo vertiginoso, la vida de Juan José iba de sorpresa en sorpresa. Ese mismo día se dirigió al departamento de Louis Jouvet. El actor lo recibió más que calurosamente y le encargó a su secretaria, Marithé, que le consiguiera a ese viajero entusiasta entradas para todos los espectáculos que ofrecía París. El primer lugar que visitó Arreola fue la Comedia francesa. En una tarjeta llevaba la recomendación de Jouvet para que lo dejaran pasar sin problemas.

Al llegar al inmueble, el autor se encontró con un personaje que guardaba una semejanza física con él, se trataba de Jean Louis Barrault un director de escena de la Comedia Francesa. Jean Louis quedó encantado con el visitante y de inmediato le ofreció un pequeño papel en la obra de Shakespeare, *Antonio y Cleopatra*. Arreola interpretaría a uno de los remeros que encabezaban la preciosa embarcación de Cleopatra, en aquel momento histórico cuando se encontró con Marco Antonio en Tarso. A pesar del frío, Juan José aceptó quitarse el abrigo y la camisa, para participar como remero.

Esa noche debutó ante el público galo e ingresó a la nómina de la Comedia Francesa. Su situación económica había mejorado en menos de 24 horas ya que en su entrevista con Usigli, éste le había regresado gran parte del dinero que Arreola invirtió en el Teatro de Medianoche. Mas esta situación era en exceso paradójica, ya que debido a la escasez imperante Arreola jamás pudo adquirir un par de zapatos nuevos, ni siquiera unos calcetines.

Las escenas patéticas se sucedían una tras otra a la vista de Juan José. Recordaba el autor, conmovido de sobra, cuando un transeúnte robó una cajetilla de cigarros y cómo fue reprendido con rasguños por la dependiente o cuando los parisienses robaban legumbres en el mercado o una baguette en las panaderías. Incluso para adquirir una pieza de pan era necesario poseer un ticket que el gobierno francés repartía. Por más dinero que se ofreciera a los panaderos, sin ticket no se podía comprar ni la más pequeña baguette.

Arreola invirtió su tiempo en frecuentar las escuelas de teatro parisienses más renombradas como la *Escuela Nacional del Espectáculo* y *El conservatorio*. Allí conoció algunos personajes del ambiente artístico. Otra de sus actividades consistía en visitar a reconocidos creadores avecindados en París, como Octavio Paz. Éste se compadeció de Arreola al conocer que no tenía acceso a nuevas prendas y le regaló un poco de ropa.

El autor recordaba con placer su primer encuentro con Gabriela Mistral, autora imprescindible en las historia de las letras chilenas. Después de haber recibido el Nobel, Mistral fue invitada a una cena en París. Para suerte de Arreola, las recomendaciones de Jouvet y de los diplomáticos mexicanos le abrían las puertas de cualquier evento. Fue este el caso. Arreola llegó a acompañado por Usigli al inmueble donde se haría la recepción oficial y la cena. Su sorpresa fue grande cuando la escritora chilena le abrazó mientras decía:

"Hijo mío, hijito mío, ¿por qué estás tan flaquito?"

Lo tomó del brazo y lo llevó hasta la mesa de honor. Conmovida por la apariencia endeble de Juan José, Gabriela se mostró como una madre durante aquella velada.

En un momento de la celebración, Usigli comenzó a discutir con Paul Eluard. La discusión llegó a tal grado que el dramaturgo mexicano estuvo a punto de darle un bastonazo a Eluard. Gabriela, que testificaba el altercado actuó de una manera insólita: tomó al pequeño Juan José y lo arrojó prácticamente en medio de los dos escritores. Arreola comprendió lo que intentaba Mistral y sujetó el bastón de su maestro para que no hiciera daño al poeta Eluard.

Gabriela Mistral y Juan José consolidarían una bella amistad en los subsecuentes días hasta que el Ministerio de Educación invitó a Mistral a la Ciudad Universitaria, como era de esperarse, Arreola fue el encargado de leer un discurso de bienvenida para la poeta, en él adulaba a los franceses y su cultura. Mistral no quedó nada contenta con sus palabras, pues para ella toda la cultura gala se encontraba en plena decadencia.

> "...no te podré perdonar porque me ha causado una pena, un verdadero dolor, oírte hablar así, con tanta admiración, de este "camembert" podrido que es la cultura francesa."

Con estas palabras de la chilena terminó una amistad que pudo haber sido muy fructífera. Usigli al enterarse del discurso, apoyó a la Nobel, diciéndole a Juan José: "Estaba usted como un perro sentado ante una mesa, con la lengua de fuera y meneando la cola..."

Por fortuna su relación con Roger Callais, uno de los grandes intelectuales franceses del siglo XX fue muy distinta. Callais se ofreció como guía del joven mexicano. Con él visitaría la montaña de Genoveva, la cual es famosa por su temperatura helada. Callais le mostró los sitios más atractivos de aquella zona, compartió un café con Arreola y le presentó a Roger Breuil, que era el encargado de una radiodifusora. Breuil, encantado con Juan José, le ofreció conducir una emisión especial en idioma español, para la comunidad latinoamericana que vivía en París. Arreola no dudo en aceptar y unos días después presentaría el programa

Páginas de poesía francesa , leyendo poemas de Verlaine y otros más.

El autor mexicano tuvo la dicha de conocer a Pierre Emmanuel, director de la revista *Les Étoiles*. Este se encargaría de publicarle un cuento y de traducirlo al francés.

Por supuesto el autor recordaba a su familia, en especial a su esposa Sara. No fueron pocas las misivas que le envió desde París, he aquí un extracto de alguna de ellas:

> "...Estoy seguro de traerte aquí si la vida mejora apreciablemente en este año. De lo contrario, ya lo sabes, un poco de tiempo más y nuestra vida feliz volverá a comenzar tal como antes, tal vez con mejor situación económica. Creo que podré hacer muchas cosas cuando vuelva. En todo caso, me tendrás junto a ti lleno de experiencia y recuerdos hermosos que te contaré largamente..."

La pésima alimentación y el frío hicieron estragos en su salud. Además, su neurosis se agravaba día con día. Pierre Emmanuel, conociendo la delicada situación de Juan José, le recomendó visitar al mejor psicólogo de París, nada menos que el gran teórico Karl Gustav Jung. Por razones inexplicables Juan José no quiso asistir a ninguna sesión y conocer a quien le había enseñado los secretos de la psicología vía literaria.

Pierre Emmanuel se convirtió en una especie de mecenas para el creador mexicano, al grado de que un día, al verle tan enfermo le aseguró:

> "Usted no se va de París, es decir, se va de París pero no a México, sino al sur de Francia, donde el gobierno nos ha dado una casa de recuperación, de convalecencia para escritores. Es un castillo en la costa sur ideal para descansar. Y yo puedo conseguirle una estancia de 30 días."

Juan José rechazó esta invitación a pesar de que estaba entrando en una situación grave: padecía de agorafobia. En una ocasión Octavio Paz logró sacarlo de su encierro para llevarle a un convite con la duquesa de La Rochefoucauld, una gran aristócrata de aquellas épocas. Arreola aceptó no de muy buena gana quizás alentado por la presencia de grandes artistas. En efecto durante la cena conoció a Tristan Tzara, quien fundó el movimiento dadaísta y a otras personalidades. Sin embargo, Arreola pasaba por una etapa depresiva muy fuerte, así es que decidió abandonar el lujoso salón de la duquesa. Era medianoche y hacia un frío atroz. No había más trenes que le llevaran a su lugar de descanso y en vez de regresar al palacio de La Rochefoucauld, caminó hacia el centro de París. No encontró a nadie en las calles, el frío de las suelas de sus zapatos que pisaban ese asfalto tan gélido era insoportable. Para su suerte, encontró un hotel de media monta y se instaló allí. En ese lugar su neurosis se acrecentó tal como alguna vez le había sucedido en Morelia.

"Eres el hombre más solo que puede haber en París, uno de los hombres más solos que hay en el mundo." Se dijo mientras miraba la ciudad por las ventanas de su habitación.

Cuando el mal nervioso tomó derroteros insoportables y la úlcera gástrica lo atormentaba, Juan José buscó la ayuda de un médico. Éste le recomendó que se tomara unas radiografías en el hospital de Villejuif. Arreola obedeció y viajó hasta las orillas de parís donde se levantaba el hospital. En ese sitio, el frío era más insoportable que en la capital y la nieve rodeaba las construcciones. Juan José, sin imaginar las consecuencias, decidió atravesar el campo evadiendo los caminos trazados. La experiencia que al principio pareció curiosa se volvió terrorífica tal como lo describe el autor:

> "Me di cuenta de que la nieve me llegaba a las rodillas, y en lugar de regresar seguí adelante. Pronto sentí que

me llegaba casi a la cintura. Era como un pantano blanco, limpísimo, helado. Comencé a bracear y sentí que me desmayaba. Poco me faltó para quedarme allí. Al fin, alguien apareció y después de regañarme me ayudó a salir."

Ya en el hospital le brindarían la atención necesaria para recuperarse de la agria experiencia. Tres días después, el médico le daba una noticia definitiva: tenía que tratar su úlcera gástrica en un clima mucho más generoso. Eso quería decir, regresar a México.

De regreso a México

De regreso en México, Juan José ingresó al departamento técnico del Fondo de Cultura Económica. El puesto lo consiguió gracias a la ayuda de su gran amigo, Antonio Alatorre que trabajaba desde algunos meses antes ahí. Sin embargo, su ingreso no fue del todo sencillo. Resulta que la gran parte de los puestos eran ocupados por españoles que habían buscado refugio en nuestro país. Juan José Arreola fue una excepción junto con Alatorre y logró hacer muy buenos amigos. Se cuenta que sus charlas con los compañeros eran tan extenuantes que le hicieron varias llamadas de atención.

Arreola se estableció junto con su hija y esposa en las calles de Obrero Mundial y San Borja. Allí comenzaron una vida distinta, lejos de los llanos de Zapotlán.

A principios de 1947, Alfonso Reyes le otorgó una beca a Juan José. El autor la utilizó para realizar un vocabulario agrícola, ganadero y artesanal del sur de Jalisco, al tiempo que en El Colegio Nacional, sede del Fondo de Cultura Económica, conocía varios autores de otros países como Guatemala, Perú y Costa Rica.

El año siguiente se organizó un concurso para escoger el nombre de la colección que el Fondo de Cultura Económica estaba por lanzar. Arreola participó, proponiendo el nombre de *Brevarios*. Como era de esperarse triunfó y bajo aquel sello se editarían varios títulos de gran valor

Juan José admite que de no haber pasado por el Colegio de México, no habría crecido intelectualmente. Su literatura se habría estancado en el costumbrismo. El Colegio de México fue su universidad, ahí trabajó como redactor, traductor y corrector de estilo, mientras aprendía historia, antropología, lingüística y arte gracias a la colección del Fondo de Cultura.

Sin embargo, su fama de parlanchín y un pequeño error en su trabajo le costaron la salida de la institución. A esto contribuyó el despido de don Daniel Cosío Villegas que era un extraordinario amigo de Arreola y la entrada de Arnaldo Orfila Reynal, que tomó su lugar. Cosió Villegas había sido responsable de que *Varia invención*, primer libro de Juan José, saliera al mercado editorial. Bajo la colección *Tezontle*, sería publicada la obra cuya portada fue diseñada por el reconocido artista plástico Juan Soriano. *Varia invención* era una antología que recopilaba los primeros trabajos del autor jalisciense. Entre ellos figuraban *Hizo el bien mientras vivió, El silencio de Dios* y *El converso.*

Con todo, el Colegio de México no le desampararía. Arreola tuvo la oportunidad de seguir colaborando como *free lance*, haciendo traducciones en su casa de Zapotlán, donde debió regresar después del despido.

Mientras trabajaba traduciendo libros como *La isla de Pascua*, de Métraux, *El cine, su historia y técnica*, de Georges Sadoul y *El arte teatral*, de Gaston Baty, el autor organizaba los textos que darían forma a su segundo libro, *Confabulario*. El mismo Arreola nos aclara el porqué de ese nombre:

> "Joaquín Díez-Canedo (dueño de la editorial Joaquín Motriz) me preguntó que si ya tenía terminado el nuevo libro que estaba escribiendo y el título que le iba a poner, le contesté que sí y que se llamaría Confabulaciones o tal vez, Fabulario; él me dijo inmediatamente: 'Por qué no Confabulario'. Así, se convirtió en padrino de bautizo de mi libro y creo que tuvo buena mano, ya que esta obra ha corrido con suerte."

Arreola presentía que *Confabulario* no tendría buena acogida entre el público.

En un principio, Arreola, presentía que su nuevo libro no tendría una buena acogida entre el público, empezando por Díez-Canedo, pero su sorpresa fue grande cuando, después de entregarle los originales para que los considerara, Arreola llegó a la oficina del editor. Díez-Canedo lo recibiría con estas palabras:

> "Tiene usted suerte, su libro se programó originalmente para editarse dentro de un año, pero los responsables de la colección acordaron que los primeros números de la colección, y de manera general de toda la colección, se alternarían en la medida de lo posible, publicando una obra de un escritor consagrado y otra de un autor joven y no conocido. Usted reúne dos características que nos resultan apropiadas: es joven y es poco conocido para el gran público, por eso me es grato comunicarle que *Confabulario* será el número dos de la nueva colección Letras Mexicanas, puesto que el primer título será de nuestro ilustre Alfonso Reyes, quien nos ha entregado una antología de su obra poética, así que usted irá publicado nada menos que entre Alfonso Reyes y Enrique González Martínez, ¿qué le parece?"

El libro tendría un éxito inesperado, tanto así que se ha vuelto una de las obras inmortales de México.

Al principio de los cincuentas Arreola volvió a la ciudad de México para emprender una nueva aventura: el oficio de editor. Con la ayuda de amigos, la mayoría becarios del Colegio de México, tales como Ernesto Mejía Sánchez, José Hernández Campos y Enrique González Casanova, Juan José fundaría el sello *Los presentes*. Se trataba de una pequeña editorial cuya principal intención era publicar plaquettes de jóvenes escritores que daban sus primeros pasos en el terreno de las letras.

En cuanto se anunció la existencia de *Los presentes* no tardaron en llegar jóvenes creadores a la casa de Juan José para solicitarle su publicación. Fue el caso de Rubén Bonifaz Nuño, Jaime García Terrés y Augusto Monterroso. Acerca de este escritor guatemalteco existe una anécdota bastante curiosa. Sucede que en aquel entonces, Arreola compartía departamento con Ernesto Mejía Sánchez y José Durán. Una noche, mientras Juan José dormía, llegó José Durán ansioso de que alguien escuchara sus penas amorosas. Al principio, Arrreola prestó atención a las aflicciones de Durán, pero pronto cayó dormido. Durán, sin importarle el sopor de Juan José, continuaba revelando detalles de sus desgracias. Cuando Arreola despertó, la mañana siguiente, se encontró con que Jaime Durán no había parado de contarle sus desdichas. Por la tarde Arreola le contó el suceso a Ernesto Mejía, quien apodaba a Durán como "El grande". Entonces a Mejía se le ocurrió decir la siguiente frase: "Cuando despertó, todavía estaba El grande ahí..." Todo indica que Augusto Monterroso se enteró de la anécdota y de la frase que serviría para que compusiera el cuento más corto de la literatura hispanoamericana "El dinosaurio", creación que consta de una sola línea y cuya trama se reduce a la siguiente frase:

"Cuando despertó, todavía estaba el dinosaurio ahí."

La colección *Los presentes* encontró muy buena acogida en el medio editorial. Las condiciones económicas de Juan José mejoraron al grado que pudo traer su familia de nueva cuenta a nuestra ciudad. El departamento que compartía con sus amigos lo abandonó para establecerse en una casa ubicada en Río Ganges. Allí el autor se dedicaba a recibir a sus más grandes amigos entre los que se contaban Juan Rulfo, Ricardo Martínez de Hoyos, Alberto Gironella, Archibaldo Burns (cineasta que alguna vez fuera novio de Dolores del Río), Tomás Segovia, José de la Colina, Emmanuel Carballo y un gran número de creadores.

La colección *Los presentes* ganaba prestigio día con día, sin embargo existían carencias, como la falta de una imprenta propia. Arreola, decidido a terminar con ella, visitó al librero Manuel Porrúa quien había sido uno de sus principales vendedores, para que sirviera como aval. Así, Juan José consiguió su primera imprenta y la instaló en el garaje de su casa. Además, para facilitar la salida de cada número, solicitó a los creadores que financiaran el costo de sus libros. Este plan funcionó ya que Juan José lograría editar más de 60 plaquettes en menos de dos años.

A mediados de los cincuentas el Indio Fernández, reconocido cineasta, invitó a Juan Rulfo para que realizara un guión. Rulfo aceptó pero con la condición de que se incluyera en el proyecto a Juan José. El Indio accedió de buena gana y "la yunta de Jalisco" pronto comenzó a trabajar en una cinta que pretendía llamarse La paloma herida. Sin embargo, las costumbres del Indio disuadieron a Juan José de continuar en el proyecto:

> "A las dos semanas de trabajar en la casa del Indio, les presenté mi renuncia. Las razones fueron dos: mi desacuerdo con las ideas del Indio para esa película y el hecho de que nos presionaba para beber copas de tequila. El asunto se complicó una vez que se me subieron las cucharadas. Me sentí muy mal y ya no regresé.

> Creo que Juan inició en la casa del Indio su carrera de bebedor profesional, yo de plano me rajé por falta de condición física... El Indio bebía desde el despertar hasta el despertar, para él no había noche..."

De aquel entonces data otra anécdota por demás curiosa. Cuenta el autor que sin tener un auto fue el responsable de un choque en el paseo de la Reforma. Sucedió así: Juan José viajaba en un taxi, pero de manera imprudente abrió la portezuela, sin darse cuenta de que un auto venía por el otro carril. El autor salió ileso, pero los dos vehículos quedaron sumamente dañados. Ambos choferes culparon a Juan José por el incidente y lo amenazaron con llevarlo a la delegación. El escritor repaso la lista de amigos que podrían ayudarle y consideró que Alfonso Reyes era quien gozaba de mejor situación económica, así es que llevó a los choferes hasta la calle de Benjamín Hill, donde Reyes tenía su casa. Cuando el maestro regiomontano se asomó por el balcón encontró a Arreola pálido y nervioso:

> "...le expliqué lo que pasaba. Y el un poco en broma, me dijo: 'mejor invente otra cosa, don Juan José. Usted no tiene automóvil, ¿cómo es que chocó con dos?, si ni siquiera usted maneja'. Yo le contesté: 'Asómese bien a la ventana para que vea desde ahí los automóviles dañados y a los choferes. Don Alfonso se asomó a la ventana y expresó: 'le voy a hacer un cheque para que lo cobren el lunes, usted no se preocupe, si puede me paga y si no puede no me paga."

Uno de los primeros autores extranjeros que Juan José publicó en *Los Presentes* fue el reconocido escritor argentino Julio Cortázar. Este autor, llegó a México a muy temprana edad y no tardó en acudir a Arreola para solicitarle una publicación. Juan José se mostró muy disponible y así *Final de juego*, una de las más importantes colecciones de cuentos de este autor vio la luz. Suerte muy distinta corrió Gabriel García Márquez, quien entregó los originales de una de sus primeras obras al editor jalisciense, pero Arreola, en esos momentos se hallaba ocupado en traspasar su editorial a Emilio Obregón, por razones que ignoramos, así que no lo publicó. Gabriel García Márquez agradecería este incidente. El escritor colombiano admitiría, tiempo después, que sus textos carecían de madurez suficiente para ser publicados.

Elena Poniatowska quien había inaugurado la segunda etapa de *Los Presentes*, con su libro *Lilus Kikus* provocaría un grave incidente sentimental en la vida de Juan José. Resulta que la escritora y el editor establecieron un romance furtivo que derivó en una tentativa de matrimonio. Sólo que la familia de Poniatowska, quien a todas luces era más joven que el zapotlanense, se negó rotundamente a la relación y decidieron mandarla a Italia para que estudiara en un convento. Sin embargo, la relación ya había dado fruto: un niño llamado Emmanuel que creció en Italia y que Arreola jamás conoció.

La situación se agravó cuando Juan Rulfo le reveló a Sara Sánchez Torres lo que sucedía. Sara no tuvo otra opción que reclamarle a Juan José y pedirle el divorcio. Antes de obtener una respuesta, la señora Arreola, se trasladó a Guadalajara.

No es difícil imaginar el sufrimiento que embargaba a nuestro protagonista: se había quedado sin amante y sin familia. Aunque intentó consolarse con otras mujeres como Guadalupe Valencia y María Luisa Tavernier, el autor no podía olvidar a su entrañable Sara. En sus entrevistas y diarios Arreola admitía que era imposible vivir con otra mujer que no fuera Sara.

Después de un período de soledad inconsolable, Arreola buscó a su mujer para pedirle perdón y solicitarle que regresara. Sara, al fin, aceptaría.

No todos los escritores que se acercaban a Juan José eran novatos. Un poeta reconocido que acudió con nuestro protagonista para publicar en *Los presentes* fue el maestro tabasqueño Carlos Pellicer. Éste, en la década de los cincuentas era toda una celebridad de las letras mexicanas, pero muy humildemente acudió con el editor de Zapotlán para que le publicara su último poemario *Práctica de vuelo.* Cuenta Arreola que, sin creerlo mucho buscó de inmediato a su amigo, Ernesto Mejía Sánchez para mostrarle los originales que el maestro tabasqueño le había proporcionado. Sin duda, al revisarlo, Juan José supo que tenía en sus manos un verdadero tesoro de la literatura.

Poco después, Arreola invitaría al celebrado poeta a su tierra, Zapotlán. La familia de Arreola recibió a Pellicer como si fuera un hijo, y con tan grandes muestras de cariño que el poeta tabasqueño no pudo menos que corresponder a Juan José con un soneto:

Tú, que dices las cosas desde el vaso
Donde se bebe el día entre danzantes:
Las islas son para vivir errantes
Llenos de desnudez y paso a paso

Las manos siempre pones sobre raso
Y allí están las palabras fabricantes
Unas que no se ven,. Otras atlantes
Pululan las que dejas al acaso.

Es hombre de palabra el que a tu lado
Invisible y gentil, con grandes alas
Tu sombra guía con amor cuidado.

Estoy atento a lo que tú señalas.
Puede estar el jardín sin ser tocado
Si en un instante la belleza instalas.

Con su actividad en *Los Presentes,* Arreola había olvidado su gran pasión: el teatro. Afortunadamente, en el año de 1956 surgiría una propuesta de la empresaria y actriz, Marilú

Elízaga, que era propietaria del teatro *El caballito*. Elízaga, ofrecía a las autoridades de la UNAM su teatro para que cada lunes se presentara la compañía universitaria de actores. Rubén Vasconcelos, funcionario de la UNAM, aceptó y dio instrucciones a Jaime García Terrés, director de difusión cultural, para que se encargara de organizar este proyecto. Enrique González Casanova, amigo de Vasconcelos le sugeriría que la persona indicada para coordinar la compañía teatral era nada menos que Juan José.

La primera decisión de Arreola fue darle un nombre propio al proyecto: *Poesía en voz alta*. Así bautizó Juan José a la compañía universitaria.

En el primer programa que se presentó al publico, se hizo una selección de teatro clásico. La compañía estaba integrada por su gran amigo Antonio Alatorre, Margit Frenk, Yolanda, Enrique y María Alatorre. Juan José entró en el elenco vestido como un juglar mientras leía una introducción del connotado poeta León Felipe.

Las primeras funciones tuvieron un éxito considerable, además la crítica especializada se mostró complaciente con la compañía. Pero después vendrían las experiencias amargas, como la puesta en escena de *La hija de Rapaccini*, obra de Octavio Paz. Según Arreola, Paz se le acercó para que hicieran juntos arreglos al texto original. Todo indica que *La hija de Rapaccini* fue mejorada considerablemente; pero un día, Octavio le revelaría a Juan José:

> "He platicado con María Luisa Elío, estupenda actriz, y me ha convencido que tus propuestas fundamentales modifican el sentido que tiene mi obra, y yo no quiero traicionar mi idea original.."

Arreola respetó la decisión de Paz, aunque sabía que no era lo mejor. De cualquier forma Juan José se ofreció para actuar en la puesta en escena. Leonora Carrington, la gran pintora surrealista, colaboró con la escenografía y el vestuario; sólo que resultaron tan estrafalarios los trajes que diseñó que fueron imposibles de utilizar por los actores. *La hija de Rapaccini* fue tan desagradable que al final de la primera presentación Andrés Henestrosa dijo: "Rapachinguen a su madre".

Fenómeno contrario ocurrió con *El salón de automóvil* de Eugene Ionesco, *Los apartes, La Farsa de la Casta Susana* y tres obras breves de Federico García Lorca: *La doncella, el marinero y el estudiante, El paseo de Búster Keaton y Así pasen cinco años.*

Sin embargo, Arreola tuvo otras ocupaciones y a veces debía encargarle la dirección de los ensayos a Héctor Mendoza. Éste, junto con Juan Soriano y Juan José Gurrola, se organizarían en contra de Juan José, sacándolo de *Poesía en voz alta.*

Arreola no guardó ningún rencor; al contrario admitía que tanto Gurrola como Mendoza habían dado continuidad a su proyecto original de *Poesía en voz alta.*

Un poco decepcionado y alicaído, Juan José regresó a su trabajo como editor. Desaparecida la colección *Los presentes,* Arreola decidió unirse con su gran amigo Héctor Xavier para fundar *Los cuadernos del unicornio.* Según el autor jalisciense este nombre había surgido gracias a sus constantes visitas al zoológico de Chapultepec. Los recorridos, sirvieron, además para que Arreola escribiera su célebre libro *Bestiario.* Héctor Xavier, quien lo acompañaba en sus visitas al zoológico, realizó innumerables dibujos de los animales, con la técnica de punto de plata. Entre ellas se encontraba el bosquejo de un unicornio, mismo que sirvió para ilustrar las portadas de la nueva colección.

Arreola y la imagen fantástica del unicornio habían tenido una relación muy peculiar. Todas las portadas de sus libros tenían como protagonista a este fabuloso ser. Cuando recibió el original de Héctor Xavier quedó fascinado tanto que decidió que *Los cuadernos del unicornio* adoptaran un formato alargado con el fin de que el dibujo de Xavier no fuese mutilado.

En 1958, después de ofrecer una conferencia sobre el poeta argentino Leopoldo Lugones, Arreola conocería a Beatriz Espejo. En la charla, Espejo le reveló al maestro jalisciense su gusto por la creación literaria. En breve, la cuentista, le entregaría un original que Arreola no tardaría en publicar. Con *La otra hermana*, de Beatriz Espejo, se inaugurarían *Los cuadernos del unicornio*.

De inmediato, y como había sucedido con *Los presentes*, autores jóvenes se presentaron ante al maestro para solicitarle una publicación. Entre ellos figuraron: Eduardo Lizalde, Vicente Leñero, Fernando del Paso, Sergio Pitol, José Emilio Pacheco, Tita Valencia y una enorme lista de talentos jóvenes.

A fines de 1957, Juan José Arreola fue invitado por el candidato a la presidencia, Adolfo López Mateos, para que le acompañara en su gira proselitista por Jalisco. Arreola aceptó, pero con una condición: que le acompañara una persona más para cuidar de su salud. El autor deseaba que su hermano lo acompañase; pero por motivos personales no pudo hacerlo. Fue Miguel González Avelar quien finalmente custodiaría al maestro zapotlanense. Se trataba de un joven que conocía los altos secretos de la política y que fungió como secretario de Arreola durante aquella gira. Así, Juan José, López Mateos y González Avelar, iniciarían su recorrido por tierras jaliscienses, disfrutando la comida, las tradiciones y el paisaje de cada región.

Con López Mateos, Juan José charlaba de poesía y de sus experiencias en la radio, ya que el candidato había sido un reconocido locutor en la década de los treintas.

Después de esta experiencia, que muy pocos pueden presumir, Arreola sería invitado por el rector de la UNAM, Nabor Carrillo para hacerse cargo de una vieja casona ubicada en pleno bosque de Chapultepec.

La casa del lago, como se le conocía, había sido edificada bajo el mandato de Porfirio Díaz, y en esos momentos era sede del Instituto de Biología de la UNAM. El abandono y el descuido tenían a esta casona en un estado deplorable. Fue necesario que Arreola concentrara todas sus fuerzas y su tiempo en limpiar y acondicionar cada una de las habitaciones.

En breve, la casa sería restaurada. Con muy buen gusto y elegancia cada una de las salas tendía un amueblado propio. Benjamín Orozco, gran amigo de Juan José, le donaría un lote de libros, los cuales Claudia Arreola, exhibiría a las afueras de la casa del lago los fines de semana. Desde entonces el número de visitantes se incrementó ya que cualquier transeúnte podía tomar el libro que más le gustara y leerlo echado en los jardines de la casa o en las confortables bancas.

También fue un éxito la instalación de un club de ajedrez, una compañía de títeres y una serie de recitales comandados por Enrique y Eduardo Lizalde, Elda Peralta, Carlos Bracho y otros excelentes declamadores.

Fueron tres años de intensa actividad a la cabeza de la Casa del Lago, los cuales combinó con otras tareas como la docencia en la escuela de Teatro del INBA y en el Centro Mexicano de Escritores. Sin embargo, esta fabulosa labor, se vio truncada por la salida del rector Nabor Carrillo quien debió ceder su lugar a Ignacio Chávez.

Cuando los colaboradores del presidente López Mateos se enteraron de que Juan había sido sustituido, abogaron a su favor y pretendieron reestablecerlo en su puesto, pero el autor zapotlanense contestó: "Muchas gracias por su apoyo, pero yo me voy a Cuba a atender una invitación que me hizo Haydeé Santamaría, directora de la Casa de las Américas."

En efecto, Arreola sería encargado de impartir un taller literario para la reconocida institución cubana. El autor quería compartir esta experiencia con su esposa Sara y con sus hijos Claudia, Fuensanta y Orso, así es que decidió llevarlos. Sólo una semana después de haber arribado a la isla caribeña Arreola inició sus actividades y pronto se vio rodeado de un grupo de escritores, deseosos de aprender.

Sin embargo, Cuba estaba formándose como una nación independiente, y aun existían amenazas serias contra Fidel Castro. Cuenta el autor que los tiroteos en las calles eran frecuentes y que en uno de ellos su hijo Orso resultó lesionado. Una bala calibre M1 se impactaría en su pie.

La escasez por supuesto, fue otro de los avatares que debió soportar Arreola, Sara tenía que racionar sus reservas de manteca y de comestibles

Arreola continuó su trabajo en la Casa de las Américas, pero pronto decidió abandonar la isla debido a los pensamientos radicales que le rodeaban. Refiere Juan José que en Cuba la ideas revolucionarias estaban en ebullición y que la mayoría de las personas vivían enajenadas con el nuevo gobierno de Castro. Las posturas radicales llegaron hasta la Casa de las Américas, motivo por el cual Juan José se sintió incómodo y quiso alejarse de Cuba tan pronto como pudiese.

Antes de abandonar el suelo cubano Arreola tuvo la oportunidad de conocer a Fidel Castro. Esto fue gracias a Gabriel García Márquez quien lo llevó ante el mandatario y le dijo: "Te presento a Juan José Arreola, es el escritor que más me gusta después de mí."

Cuando regresó a nuestras tierras, el escritor zapotlanense no tardó en incorporarse a sus actividades en el Centro Mexicano de Escritores y en la escuela teatral del INBA.

Pero en el año de 1963, una enfermedad muy grave truncaría su labor magisterial. Una hemorragia interna le agobio esta vez. Por fortuna, Elías Nandino, poeta y médico de cabecera de Juan José, le salvó la vida. Tres meses después el doctor Conrado Zuckerman le operaría el píloro y le extirparía parte del estómago. La intervención quirúrgica fue todo un éxito y Arreola regresó a sus actividades cotidianas.

Recuerda el autor que el año siguiente fue invitado por el INJUVE, (Instituto Nacional de la Juventud Mexicana), para dar una conferencia acerca de literatura. Allí conoció a un entusiasta escritor llamado Horacio Juván, quien encendió la chispa para que Arreola impartiera un taller literario a varios integrantes del INJUVE. Juan José no se pudo negar y pronto se conjunto un grupo de nóveles prosistas y poetas que fundarían la revista Mester, entre ellos cabe destacar a Elsa Cross, Andrés González Pagés, Jorge Arturo Ojeda y otros.

Al terminar el taller literario en el INJUVE, el maestro Arreola invitó a varios de sus alumnos a que continuaran las sesiones en su casa. Allí se le unirían otras promesas de la literatura como Alejandro Aura, José Agustín, Tita Valencia y Gerardo de la Torre.

Bajo el sello Mester, se publicarían un par de libros y dos plaquettes, de autores como José Carlos Becerra y Arturo Guzmán.

De nuevo la fidelidad de nuestro protagonista flaqueó y se vio envuelto en una relación amorosa con Tita Valencia. Para fortuna de su matrimonio y de su familia la relación no tuvo impactos semejantes a los que había originado su amorío con Poniatowska.

En febrero de 1966, el autor tendría oportunidad de llevar su experiencia y sabiduría al vecino país del norte. En esta ocasión fue el profesor Merle E. Simmons quien lo invitó para dar una serie de conferencias literarias en la Universidad de Indiana.

El autor aceptó y quiso llevarse a Orso con él, pero en un principio tuvieron dificultades para obtener la visa ya que su estancia en Cuba los convertía en personajes incómodos. No obstante, el gobierno de Estados Unidos terminó por aceptar la visita de este personaje que ya se estaba convirtiendo en una celebridad.

Ante su dificultad para hablar el inglés Arreola decidió invitar a Jorge Arturo Ojeda que estudiaba en la Facultad de Filosofía y Letras. Acompañado por su hijo Orso y este personaje, Arreola extendió su visita a otras universidades como las de Bloomington, Purdue, Urbana, Illinois, Austin y otras más.

Las presentaciones generaron una buena cantidad de dinero, suficiente para que Arreola cumpliera uno de sus últimos sueños: volver a París.

Pronto el pequeño Orso y su padre, iniciaron el viaje hacia el continente europeo. El segundo encuentro con París fue muy distinto al primero que describimos en los primeros capítulos. Juan José en esta ocasión encontró un panorama completamente distinto al de los años cuarentas. Además le recibía el verano francés que mucho distaba de aquel crudo invierno de 1945:

> "Tuve una sensación de alivio y bienestar al contemplar de nuevo la avenida de Les Champs Elysées, no se parecía nada a lo que yo recordaba, era otro París el que me recibía y yo era otro también, este presente era luminoso, caluroso, amoroso..."

En París Arreola pudo comprobar que el mundo cambiaba. Una ola de jóvenes salía a la calle para exigir el respeto a sus derechos y contradecir a los sistemas gubernamentales. Cuando regresó de su viaje, se dio cuenta que en México sucedía algo similar, sobre todo cuando Julio González Tejada, responsable del Servicios Sociales de la UNAM le invitó a impartir una serie de charlas en las facultades de la máxima casa de estudios. En un principio Juan José consideró la idea un tanto disparatada, pero después se animó a escuchar las inquietudes de los muchachos.

El ciclo de conferencias inició un febrero de 1967. Facultad por facultad el autor visitó a los estudiantes y conoció sus preocupaciones, al mismo tiempo que les apoyaba en su lucha. Juan José recordaba con cierto nerviosismo su participación en la facultad de Derecho, la cual inició con estas palabras:

> "Aquí estoy para iniciar un diálogo. Aunque en esta hora que pasaremos juntos me corresponde el privilegio de dirigirles primero la palabra, esto no crea entre nosotros ninguna jerarquía. Como universitarios y como hombres estamos obligados a comprender el mundo y el tiempo en que vivimos. Creo que un ideal común nos reúne a todos en este recinto y nos pone previamente en acuerdo. Pero si mis palabras suscitan en ustedes la menor discrepancia, o si cometo errores al pensar en voz alta, les agradeceré que me adviertan con toda claridad y con sincera energía."

Durante su intervención fue cuestionado en repetidas ocasiones por algunos líderes estudiantiles. Éstos, sospechaban que el autor zapotéense era un enviado de Rectoría. La situación se tornó difícil porque el debate era acalorado. Pero Arreola salió airoso gracias a la poesía. Al final del evento recitó algunos poemas de Pablo Neruda y Nicolás Guillén que fueron suficientes para tranquilizar al exaltado público.

> "Reconozco que fue una experiencia difícil, dura de superar, pero durante muchos años me alimenté de la fuerza y la vitalidad de esos jóvenes en el sentido en que me dieron fuerzas para seguir pensando y viviendo. No sé si lo que dije les sirvió de algo, pero a mí me dio gusto verlos pelear y combatir en los recintos universitarios y en las calles. En 1968 salieron a ganar la calle para no abandonarla nunca más, porque la calle es nuestra y el último recurso para los que no claudicamos."

"Hombre y mundo" fue el título que le otorgó Arreola a sus charlas con los estudiantes, mismas que se extendieron aproximadamente un año. En casi todas ellas le recibieron rostros de sorpresa, asombro, risitas burlonas de algunos estudiantes que no lo comprendían e incluso advertencias de otros como José Revueltas quien le recomendó: "Tienes que esconderte, te tienen en la lista, vete si es posible de México, la cosa se le ha puesto difícil al gobierno y va iniciar la represión como última salida."

En efecto, el gobierno de Díaz Ordaz no tardó en interpretar sus visitas a la universidad como una forma de apoyo a la disidencia. Según el autor, por aquellos días del 68, aparecería un libelo titulado *El móndrigo*, que se publicó en el periódico *Alarma*. En el artículo se le mencionaba como instigador del movimiento estudiantil.

> "Luego vino la fiesta de las balas, la sangre derramada sobre las pirámides. Los generales sacaron los cuchillos de pedernal y obsidiana que llevaban ocultos en la memoria, iniciaron el macabro rito a la sombra de la noche. Un olor de pólvora y de sangre penetró en las piedras mojadas."

Esa es la interpretación literaria que Juan José diera a los terribles hechos ocurridos en Tlatelolco.

Mas no todo fue desagradable en su vida durante aquel histórico año. *Lectura en voz alta*, una antología donde se mostraban sus textos preferidos, desde los poemas que leía en la infancia hasta sus últimas lecturas se materializó. Fue Emilia Gaytán quien copiaría los textos de los fragmentos seleccionados, desde el *Anónimo de Mari* hasta *El cohete* de Gutiérrez Nájera. El libro, dedicado a María José, una niña de la cual sabemos muy poco, no tardó en ser editado bajo el sello Porrúa.

Todo indica que Juan José vivía en una agitación tremenda, entre la desgracia sufrida por los estudiantes y una misteriosa mujer llamada Camille y su expulsión del Colegio Nacional por haber participado en la cinta *Fardo y Lis*, de Alejandro Jodorowsky.

Pronto la experiencia volvería a repetirse, como muchos años atrás, Juan José sintió que la ciudad de México lo vencía. Acompañado por su hermano Antonio regresaría a Zapotlán para vivir la última etapa de su carrera.

Volví a la casa paterna

"Volví a la casa paterna, hijo pródigo, llegué con las manos vacías, 'como dos conchas huecas de palabras.' Acaricié los muros de mi casa y me entregué a una vida en la que los libros y la noche se convirtieron en mis aliados."

De tal forma describe el autor su regreso a la tierra que lo vio nacer. En esta ocasión con recursos suficientes para construir una casa propia, muy distinta a las que había habitado y conocido.

En su cabaña, alejado de su esposa e hijos, pasaría una época de melancolía y soledad. Sobre todo extrañaba a Camille a quien escribía continuamente. En ocasiones se daba tiempo para dar conferencias en la ciudad de Guadalajara pero prefería su encierro no obstante los recuerdos difíciles que le acosaban. El mejor refugio era la pintura. Tomó los pinceles y comenzó a delinear rayas, manchas y líneas, hasta que tomaron forma femenina. Pasó días y semanas dedicado a la pintura siempre basada en el cuerpo femenino. Era la representación de Camille.

Para su suerte, Camille, esa mujer que tanto evocaba con la ayuda de los pinceles y que es tan desconocida para nosotros, llegaría a la cabaña del escritor para infundirle nuevos bríos.

> "Una tarde de otoño tocaron a mi puerta, interrumpí mi lectura de *Le soulier de Satin*, de Paul Claudel; me reincorporé lentamente de mi sillón y me dirigí a la puerta para abrirla. Mi sorpresa fue grande: ¡era Camille!

Su cabellera estaba nimbada por la luz, parecía una aureola dorada. Su rostro pálido y amarfilado la convirtió en la Venus de Boticelli. Ella puso una de sus manos sobre mi cabeza, y por un momento nos convertimos en la estatua que soñó Miguel Ángel."

Los dibujos de Arreola serían conocidos por algunos artistas plásticos como el escultor Tigelino, los pintores Quiroz, Serna y Aldana Mijares quienes lo convencieron de que su obra tenía un valor más allá de lo personal. Juntos le propondrían a Juan José exhibirlos en una galería de la capital mexicana. Arreola comprendió que su alejamiento de la ciudad había sido más por rencor que por necesidad, así que no tuvo inconvenientes en trasladarse, de nuevo, a la Ciudad de los Palacios.

La exposición resultó exitosa, casi todos los cuadros se vendieron. "El cuerpo de la mujer es el que mejor entiende el espíritu del hombre..." Era la frase que enmarcaba la exposición *Eros cosmogónico*, única en la historia de nuestro protagonista.

1969 fue un año de mayores satisfacciones y el cual marcó el inicio de una serie de homenajes en torno a su figura. En ciudad Guzmán, o Zapoltán como prefería llamarle el maestro, recibiría la Presea de Reconocimiento por parte del Grupo Cultural José Clemente Orozco; además Ediciones Oasis publicaría la primer antología de sus obras, libro que estuvo a cargo de Jorge Arturo Ojeda.

La figura de Juan José Arreola comenzaba a ser requerida en otros ámbitos incluso en aquellos que nada tiene que ver con la literatura. Fue el caso de la primera Copa del Mundo que se organizó en nuestro país. De pronto, Juan José fue invitado por Televisa para participar al lado de los comentaristas de la época. Arreola, aunque muy ajeno al mundo del fútbol, ofrecería, desde un ángulo muy particular, su visión acerca del juego más practicado del mundo. Sus comentarios eran verdaderas cátedras en donde la fantasía se mezclaba con la realidad del juego y con sus personajes: Pelé, Müller, Bekenbauer y toda la pléyade de futbolistas reconocidos que llegaron a nuestro país para disputarse la copa del mundo.

Debido a que el Colegio de México continuaba molesto por la participación del autor en la película del irreverente Jodorowsky, Arreola debió aceptar la propuesta de la editorial Joaquín Motriz para editar sus obras completas

Al respecto de las dificultades para que estas ediciones circularan bajo un nuevo sello, Arreola detalla:

Arreola, a finales de los 60, participó como comentarista y crítico en la televisión.

"...tramité y obtuve legalmente la liberación de mis derechos de autor del Fondo y pasé mis libros a la editorial de mi amigo Joaquín... Me costó mucho trabajo hacer todo esto, pero en la parte legal conté con la brillante ayuda y decidida de mi amigo Arturo González Cosío, quien logró, con la intervención final de Agustín Yáñez, que yo retirara mis libros del Fondo."

Ese mismo año sería nombrado presidente de la Federación Mexicana de Ajedrez. Su participación en esta dependencia lo llevó a conocer a los grandes campeones del ajedrez mundial. Cuenta el autor que tuvo la oportunidad de participar como comentarista en el encuentro entre los campeones Bobby Fisher de Estados Unidos y Boris Spasski de Rusia, en el cual, finalmente, se impondría el norteamericano.

Una vez establecidas sus relaciones con los medios televisivos, Juan José no pudo negarse a participar en la pantalla chica como comentarista y crítico en programas culturales y folclóricos; al tiempo que la editorial Tusquets le publicaba la compilación *Mujeres, animales y fantasías mecánicas*, un libro que en nuestros tiempos es difícil de conseguir. De la misma manera, la SEP, le editaría *La palabra educación*, texto donde se recogen una serie de sentencias con el estilo único del maestro zapotlanense.

En breve la editorial *Utopía* le publicaría el libro *Y ahora la mujer...* donde se hace evidente el tema femenino. La critica literaria reaccionaría ante el texto. La mayoría de los especialistas observarían rasgos misóginos en *Y ahora la mujer...* No es difícil coincidir con ellos ya que Arreola había aceptado:

"José Luis Domínguez, mi psiquiatra de aquellos años, me hizo comprender mi incapacidad y masoquismo en el trato con la mujer. Pareciera que cada mujer en la que yo ponía los ojos estaba destinada a hacerme infeliz."

El gran reconocimiento de su vida llegó en el año de 1976. En esa ocasión fue el gobierno francés quien le otorgaría la Condecoración Oficial de las Artes y Letras, hecho que lo coronaba como un autor universal de proyecciones verdaderamente envidiables. El mismo año la editorial Grijalbo editaría *Inventario,* libro que recopila gran parte de sus conferencias y actos públicos.

Los reconocimientos no paraban de sucederse día con día. En Estados Unidos, aquel país que alguna vez le había dificultado la obtención de una visa, editó *La feria,* en lengua inglesa. En nuestro país, al mismo tiempo, se le otorgaba el Premio Nacional de Periodismo Cultural y el Premio Nacional de Letras.

Joaquín Díez-Canedo, entrañable amigo de nuestro autor continuaría apoyándole con la publicación de *Mi confabulario* el cual contenía un prólogo de Sara Poot Herrera.

Televisa, la empresa que alguna vez le diera la oportunidad de enfrentarse al público masivo en las transmisiones de la copa mundial, le otorgaría un nuevo espacio. Se trataba de un programa de tintes literarios donde el maestro daba sus opiniones y compartía con el público sus lecturas personales; sin embargo, el programa tendría poco éxito. Nada extraño si consideramos la situación cultural en nuestro país. Como un bálsamo para este mal trago, Arreola vería publicada el total de su producción literaria bajo el sello Bruguera, firma española.

Todo indica que el Colegio de México y Juan José Arreola limaron asperezas. De lo contario el Fondo de Cultura Económica jamás le hubiese publicado una traducción llamada *Arte religioso del siglo XII al siglo XVII* de Emile Male. Hablamos de los ochentas, cuando Miguel de la Madrid Hurtado tomaba posesión de la presidencia y las viejas rencillas entre el gobierno y algunos perseguidos políticos disminuían de tono.

Pero el autor no se conformaba con participar en las publicaciones oficiales sino que trabajaba en conjunto con las empresas privadas. Fue el caso de Tequila Sauza que le ofreció el escribir el prólogo para el libro *Tequila lo nuestro*, obra dedicada a las virtudes del agave y la artesanía que se utiliza en su envasado.

El interés en nuestro protagonista iba *in crescendo* alrededor del mundo. Por el año de 1983, comienzan a traducirse diversas obras del autor zapotlanense, asimismo estudiosos de varios países centran su atención en la obra del mexicano. Quizás el más importante de ellos fuera Yulan W. Washburn quien compilara una antología acerca del autor en lengua inglesa.

En México los estudiosos no podían ignorar a Juan José y pronto el Centro de Estudios Sobre la Universidad de la UNAM lanzaría al mercado *Juan José Arreola: Imagen y obra escogida*, una selección de sus más ejemplares trabajos. Simultáneamente, la máxima casa de estudios organizó un coloquio nacional como homenaje a quien fuera maestro emérito. Como un eco de este tributo, el Instituto Nacional de Bellas Artes se uniría a los festejos.

A los 68 años recibiría la medalla Jorge Luis Borges en el marco de la XIV Feria Internacional del libro de Buenos Aires. Y es imposible pasar por alto que en el mismo año, la editorial Cátedra de Madrid, editara una compilación de su obra llamada *Confabulario definitivo*.

La admiración eterna que tuvo hacia Ramón López Velarde, el poeta zacatecano, le impulso a escribir un ensayo cuyo nombre es: *Ramón López Velarde: una lectura parcial*, donde analiza la obra del escritor de la *Suave patria* y a quien consideraba como uno de los más importantes poetas del siglo XX.

En el año de 1990 sería invitado por la Fundación Cultural Televisa para protagonizar una serie de programas en torno a su figura. La serie se llamó *Arreola y su mundo*. En ella el autor conversaba junto con Claudia Gómez Haro acerca de sus vivencias y su "mundo interno", es decir, su apreciación muy propia de cada escritor, según lo describe la Sra. Haro:

> "El propósito era que Arreola expusiera su "mundo interior": lo que poetas, escritores o pintores significaban para él. No se trataba de hacer un ensayo sobre Remedios Varo, por ejemplo, sino lo que ella le representaba."

El autor zapotlanense lejos de asumir una actitud solemne compartió con Haro un sinfín de palabras que quedaron inmortalizadas por la televisión de nuestro país. La clave del éxito de estos programas fue la disposición del autor, a raíz de la copa mundial de 1970, Arreola, sin darse cuenta, había ingresado a la vida de los televidentes, según lo describe Haro:

> "... fue el primer escritor que se atrevió a entrar a ella, en un momento en que era bastante mal vista por algunos intelectuales.
>
> Arreola fue recibido en los hogares mexicanos con una mezcla de simpatía y admiración. Fue un hombre cuya imagen, voz y pensamiento eran radicalmente distintos a todos los demás que, en aquel entonces y todavía ahora, continúan utilizando un lenguaje poco eficaz desde un punto de vista literario.
>
> Él llevaba a la pantalla sus vivencias, sus precisas y lógicas construcciones fantásticas; las afinaba y discutía, sin que los interlocutores (el televidente en este caso) se dieran cuenta."

119 programas en vivo fue el resultado de estas conversaciones que serían, años después, recopilados por la Sra. Haro en el libro: *Arreola y su mundo.*

Los premios lo acosaban por doquier. Su estado natal le ofrece el Premio Jalisco en Letras y a la edad de 74 años recibe el Premio de Literatura Latinoamericana y del Caribe Juan Rulfo, en el marco de la feria del Libro de Guadalajara. El jurado, compuesto por Antonio Alatorre, Juan Gustavo Cobo Borda, Claude Fell, José Luis Martínez, Seymour Menton, Julio Ortega, Nicanor Parra, Darío Puccini y Saúl Yurkievich aprobó unánimemente que el prestigiado galardón le fuese entregado tanto por su labor creativa como por sus ensayos y traducciones. Entre estas destacan las que hiciera de Paul Claudel, en especial los de la serie El grupo de apóstoles, he aquí un extracto:

San Pedro

Pedro, ese hombre rudo de gran frente calva que cerrando los puños juraba,

Fue el primero en levantar la mano y afirmar que ante Dios lo que sabía, no /lo que ignoraba;

A Cristo viviente le dio su palabra. Cristo ante sus ojos estatuario y presente.

Por eso es Pedro para toda la eternidad: porque ha creído en lo que era /evidente

...

En 1994, sale a la venta un libro decisivo para los biógrafos de Juan José Arreola, *Memoria y Olvido*, la primera de sus confesiones dictadas a Fernando del Paso, el escritor que alguna vez fuera su alumno.

Después de un homenaje en su tierra, en el marco del 30 aniversario del Grupo Cultural Arquitrabe, Juan José vio publicadas sus obras completas en el Fondo de Cultura Económica; sin embargo, el prólogo escrito por Saúl Yurkievich no le dejaría plenamente convencido:

> "...me pareció más una tesina de trabajo académico que un prefacio literario para presentar mi obra de cuentista. Creo que esto sorprenderá al lector desprevenido, que encontrará como primer obstáculo de la lectura este texto erudito que de todas maneras agradezco por el tiempo que el talentoso investigador ha dedicado a mi obra."

Su último gran libro sería *Prosodia y variaciones sintácticas,* texto en el cual Arreola pretende acercarse al lenguaje absoluto, al lenguaje puro "que da un rendimiento mayor que el lenguaje frondoso, porque es fértil, porque es puro tronco y lleva en sí el designio de las ramas. Este lenguaje es de una desnudez potente, la desnudez poderosa del árbol sin hojas."

Su gran último gran libro sería *Prosodia y variaciones sintácticas.*

Juan José Arreola había triunfado en la vida. No obstante sus padecimientos gastrointestinales, su neurosis y otros problemas psicológicos, el autor había llegado a una edad avanzada; era inevitable que el tiempo comenzara a cobrarle su factura. Fue por el año de 1998, después de recibir el premio Ramón López Velarde y la distinción del Ayuntamiento de Guadalajara cuando comienza a padecer hidrocefalia. Sus familiares se vieron obligados a internarlo en el Hospital del Carmen, el 12 de noviembre de 1998, donde fue intervenido quirúrgicamente por el cirujano Alfredo Cornejo Aguilar, quien le implantó una válvula de derivación ventrículo-peritoneal para controlar el líquido que tenía en exceso en el cerebro. La consecuencia de la operación fue el impedimento que tuvo para escribir y hasta caminar; Arreola se trasladaría, desde entonces, por medio de una silla de ruedas.

En los últimos meses, y hasta su deceso, el escritor pasaba gran parte de su tiempo en cama, conectado a un tanque de oxígeno, en la casa de su hija Claudia. Durante sus ratos de lucidez, que eran los más, ella se encargaba de leerle o releerle obras clásicas al oído.

Antes de su muerte e imposibilitado para la escritura, Arreola hizo su última apuesta y nos legó una selección de cuentos bajo el título *Tres días y un cenicero* y un nuevo estudio acerca de López Velarde, titulado *Ramón López Velarde: el poeta, el revolucionario.*

La Universidad Autónoma Metropolitana otorgaría un doctorado honoris causa a Juan José Arreola y a José Emilio Pacheco. Dos días antes, el jueves 29 de noviembre del 2001, se instituyó el Premio Juan José Arreola. Se había anunciado que Orso, hijo del escritor, haría la presentación oficial de la convocatoria ese día, como parte de las actividades de la Feria Internacional del Libro de Guadalajara, pero no asistió. La ausencia de Orso Arreola tenía un motivo: el estado de salud de su padre, había empeorado.

En diciembre del 2001 mientras sus familiares, la Universidad de Guadalajara y el instituto de Cultura de aquella ciudad dialogaban sobre las posibilidades de hacerle un homenaje, Juan José Arreola falleció. Fue precisamente un 3 de diciembre cuando la hidrocefalia pudo más que la imaginación y los sueños de este autor zapotlanense. La obstrucción de los vasos y venas causada por la acumulación de colesterol condujo a un paro cardíaco.

La noticia fue divulgada por su hijo Orso, y pronto los medios culturales de nuestro país se conmocionaron. Estas son algunas notas de los principales periódicos de nuestro país:

Falleció el escritor Juan José Arreola

La literatura mexicana perdió ayer al cuentista por excelencia Juan José Arreola, quien falleció en Guadalajara, Jalisco, a los 83 años víctima de un paro respiratorio. El autor de «Varia invención» y «Confabulario» recibirá este martes un homenaje póstumo en la Universidad de Guadalajara.

Murió Juan José Arreola; sólo temía al invierno de la memoria

- Si alguna virtud literaria poseo es la de ver en el idioma una materia plástica ante todo, decía.
- Desde niño aprendió el valor de la literatura y con ello emergió en él la vocación magisterial.

Al siguiente día sus restos serían transportados en un féretro de caoba y colocado en el centro del Paraninfo de la Universidad de Guadalajara Allí, Fernando del Paso susurró una oración:

"Memoria y olvido: ¿qué sería de la memoria sin el olvido, que le decanta y deslinda? ¿Qué sería del olvido sin la memoria, que lo espanta y no lo abarca? Déjame, Juan José, olvidarte mientras te recuerdo. Déjame recordarte mientras te olvido.

¿Qué sería de la sombra sin la luz que la acogota? ¿Qué sería de la luz sin la sombra que le da su albura? Recuerdo, ¿recuerdas, Juan José?, que un día, en la Casa de las Américas de Madrid, dije algo que celebraste. Dije que yo, como escritor, había crecido no a la sombra de Juan José Arreola, sino a su luz."

José Trinidad Padilla López, rector de la Universidad de Guadalajara, entre sus palabras, destacó que Arreola "no sólo era el gran escritor jalisciense vivo, admirado y querido, sino también miembro muy destacado de su comunidad y amigo fiel de la institución." Agregó que la biblioteca de la universidad sería refundada y tendría nueva sede, por supuesto sería rebautizada con el nombre de Juan José Arreola.

Más tarde, en el interior del Palacio de Gobierno, Arreola recibió un breve homenaje con la asistencia del gobernador Francisco Ramírez Acuña, de Sara Bermúdez, presidenta del Consejo Nacional para la Cultura y las Artes y la diputada Sofía Valencia Abundis, presidenta de la Comisión de Cultura de la Legislatura local quien propuso que Arreola fuera declarado benemérito ilustre del estado de Jalisco.

A las 16 horas el obispo de Ciudad Guzmán, Serafín Vázquez Elizalde, ofició una misa de cuerpo presente en el templo de La Madre de Dios. Los restos de Arreola fueron cremados. Y aunque la familia fue muy discreta en sus decisiones todo indica que sus cenizas fueron llevadas a Zapotlán, el pueblo que siempre lo recibió después de sus "derrotas" en la ciudad de México.

Los intelectuales de nuestro país no tardaron en dar su pésame y su opinión al respecto de tan grande figura de las letras, he aquí algunas:

Carlos Monsiváis: Juan José Arreola es un prosista extraordinario y un cuentista muy notable. *Confabulario* y *Varia invención* son dos libros de una gran sabiduría literaria que aprovechan lecciones de los simbolistas franceses, de Julio Torri y de Borges, pero que revelan una mentalidad original de un poder irónico notable. El afán simbólico de Arreola nunca es solemne. Su obra de teatro *La hora de todos* es sobre todo un juguete literario, aunque valdría la pena llevarla a escena. Sus libros de texto "burilados", como se decía antes, son ejemplo de la maestría verbal que se goza más si se lee en voz alta. En los años recientes he vuelto a su novela magistral *La feria*, el retrato gozoso y entrañable de un pueblo, Zapotlán el Grande o Ciudad Guzmán, que en la escritura de Arreola se vuelve el pueblo de los orígenes, donde la risa, el chisme, el sexo disfrutado hipócritamente y la fragmentación al infinito de los murmullos sociales integran la

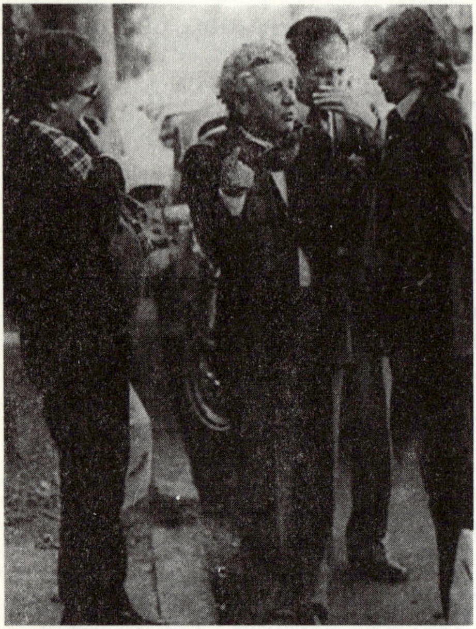

"Con Arreola desaparece un gran escritor, pero nos queda su lectura obligatoria", Carlos Monsiváis.

visión circular de la otra provincia, la que Rulfo no tocó.

Con Arreola desaparece un gran escritor, nos queda su lectura obligatoria.

Augusto Monterroso: Es una noticia muy conmovedora, especialmente para mí, por la razón que fui un gran amigo suyo desde la época de los primeros aprendizajes en la literatura. Tuve la suerte de verlo constantemente en esos años y nuestra amistad era tan cercana que nos leíamos incluso nuestras cosas aun inseguros de lo que estábamos haciendo. Ahora, en cuanto a lo general, es una gran pérdida para la literatura mexicana, de América Latina, de nuestro idioma. Su contribución literaria es de gran mérito. Es muy conocido aquí y en todo el ámbito del idioma español por sus contribuciones en la cuentística y los textos ensayístico-cuentísticos, en los que fue un gran maestro y lo seguirá siendo. Hay más profundidad en algunos de sus cuentos de lo que uno puede imaginarse si no es por las relecturas. Su obra es sumamente sólida por su forma y por su fondo, es de gran enseñanza. Afortunadamente tuvo tiempo de redondearla y ahora queda aquí para la actual y las futuras generaciones. Es un escritor de primer orden mundial el que hemos perdido.

Él gozaba el uso de la palabra, ya fuera oralmente o por escrito, además era dueño de una enorme inteligencia e ingenio, algo que ponía en juego siempre. En la oralidad fue también un gran maestro de pensamiento y forma, un gran conversador. Aunque ésta es desgraciadamente una contribución efímera, debido a su propia naturaleza.

Era un hombre muy estimulante, no hay que olvidar que creó talleres literarios, los primeros que se abrieron en México, en los cuales transmitió una enorme cantidad de enseñanza literaria de manera directa. Fue muy novedoso lo que hizo, rompió con muchos moldes antiguos y abrió nuevos caminos.

Vicente Leñero: Arreola fue para mi generación, en la que estaban José Emilio Pacheco, Fernando del Paso, José de la Colina, entre muchos otros, un maestro insustituible porque en sus talleres nos enseñó la mejor manera de aprender a escribir. Escuchando nuestros cuentos contados por él mismo, uno se daba cuenta de los errores. Fue un maestro que no teorizaba, sino que sobre la marcha y la práctica enseñaba, sin hacer solemne el ejercicio de la literatura. A él le debo prácticamente todo mi comienzo literario. Contagiaba oírlo, contagiaba estar con él, contagiaba verlo hablar y se aprendía mucho de su memoria privilegiada. Como primer director de la Casa del Lago e impulsor del proyecto de Poesía en voz alta fue muy importante; era un actor natural, que podría haberse dedicado exclusivamente a la literatura, como se hubiera podido dedicar al ajedrez; él decía que hubiera querido ser más un gran ajedrecista que un gran escritor como lo era. Mi libro *Te acuerdas de Rulfo, Juan José Arreola* es una larga entrevista con él acerca de la muerte del autor de *Pedro Páramo*, en ese volumen destacó la relación amistosa entre ambos.

Margo Glantz: Fue un escritor importantísimo que, aunque muy diferente, formó una pareja indisoluble con Rulfo porque crearon un idioma totalmente suyo, pero salido de una región particular de México: Jalisco. Un idioma que les pertenecía, pero que transformaron creando una escritura perfecta y diferente entre sí. La de Arreola era más lúdica, con una idea medieval de escritura asimilándola a un oficio y lo cumplía de manera rigurosa y perfecta, con absoluta precisión, orgullo y responsabilidad.

Es el creador de un tipo de textos muy particulares en nuestra literatura, no obstante tener antecedentes en otras. Juan José Arreola complementa ciertas de las escrituras que Juan Rulfo hizo de su región, en un sentido más lúdico, aparentemente más exterior. También complementa lo que hizo el autor de *El llano en llamas* de otra manera y que quizá sea tomado menos en cuenta. Otro aspecto extraordinario es su generosidad, su actitud didáctica con los jóvenes. Le debemos una especie de contaminación de la escritura porque empezó a escribir gente que -sólo por trabajar con él- se creían escritores y fueron deformando su lección. Es importante la forma en que llevó los talleres literarios, pero de alguna manera se convirtieron en algo nefasto porque a través de ellos se pensó que podían fabricarse escritores, lo iba en contra de lo que él pensaba. Es fascinante, supo crear su figura como personaje de sí mismo. Como el gran actor que era, se reinterpretó. Era fascinante, divertido, extraordinario, simpático.

Las instituciones oficiales no tardaron en organizar un homenaje póstumo al cuentista desaparecido. En el año del 2002 tuvo lugar el gran tributo de los escritores más reconocidos de nuestro país a Juan José Arreola. Eduardo Lizalde, Hugo Gutiérrez Vega y José Emilio Pacheco fueron los encargados de inaugurar el homenaje el sábado 28 de septiembre a las 12:00 horas en la Sala Principal del *Palacio de Bellas Artes*, donde posteriormente se proyectó, además, un video acerca de su vida con duración de 10 minutos producido por *Canal* 22.

Al término de la ceremonia, los actores Claudio Obregón, Pilar Pellicer, Rosenda Monteros y Enrique Rocha leyeron en voz alta algunos de los textos de El último juglar, como se le llamó desde entonces, en la explanada del recinto de mármol, y se llevaron a cabo las eliminatorias del I Campeonato Nacional Amateur de Ajedrez Rápido 2002, cuya premiación se realizó al día siguiente.

El domingo 29 de septiembre a las 12:00 horas en la *Sala Manuel M. Ponce* del Palacio de Bellas Artes tuvo lugar la presentación simultánea de los libros *Arreola y su mundo*, de Claudia Gómez Haro; *Arreola en voz alta*, de Efrén Rodríguez; *Breviario alfabético de Juan José Arreola*, de Javier García; *Prosa dispersa de Juan José Arreola*, de Orso Arreola; *La palabra educación y ahora la mujer*, de Jorge Arturo Ojeda, e *Inventario*, que reúne textos periodísticos del homenajeado, los cuales fueron comentados por Felipe Garrido, director general de Publicaciones del CONACULTA.

Los días 1 y 2 de octubre a las 19:00 horas, en la *Sala Manuel M. Ponce* del Palacio de Bellas Artes se realizaron, respectivamente, las mesas redondas *Juan José Arreola, el hacedor de escritores* (las publicaciones *Los Presentes, Los cuadernos del unicornio y Mester*), con José de la Colina, Beatriz Espejo, René Avilés Fabila, Federico Campbell y Elsa Cross; y *Juan José Arreola, el hacedor de imágenes* (donde también se proyectó un video coproducido por Fundación Televisa y Canal 22), con Claudia Gómez Haro, Miguel Sabido y Julio Pliego.

En pocas palabras, los medios culturales de nuestro país no tuvieron medidas para recordar al maestro de Zapotlán. Quisiéramos despedir esta biografía con las palabras de Antonio Alatorre, el gran amigo de Juan José quien gracias a un poema dedicado a su figura nos devela el carácter y personalidad del maestro que sólo sus muy íntimos compañeros pudieron conocer:

AL UNÍSONO

Sobre un tiempo gemelo fincamos
Un nido de momentos.
Las hojas son como jade o esmalte,
Como cosa que se devora sin prisa,
Pero ávidamente. Las horas
Son pinceladas azules y rojas. Preceptos,
Decálogos mudos, terribles, fieramente guardados,
Escritos en quién-sabe-qué Biblias,
En sabe-Dios-qué-códigos.
Hay que ver ciertos lados,
Ciertos ángulos sin aristas, invisibles, de ciertos asuntos.
Y hay que ponerse de acuerdo en qué matices,
En qué color de la risa.
Si un sonido raro de un libro,
Si el tono de flauta o de viola
De una pequeña palabra…
Palpar una misma nube, blanda como la misma lana.
Cantar una misma frase. Sentir un fastidio
Idéntico, una ira correspondiente…
Un solo minuto de descanso, y luego, subir a la montaña
Azul de seducciones,
Con extraño brillo en las cuatro pupilas ávidas.
Llevar en lo recóndito un mismo desencanto,
Y condenar al mundo con una,
Con una sola palabra helada y sucia.
Los minutos se cuentan
Por estar-con y no estar. Los minutos
Se dividen en dos bandos:
Minutos de sí, minutos de no (…Los
Ratos de estar-junto, ratos macizos y dulces,
De gajo mordido y deshecho en los dientes).
Entonces, ¡qué dulce!:
Paladear un poema, una tarde una brizna
Con perlas redondeadas tejer un idioma.

Gustar el silencio, y lentamente,
Lentamente, en silencio, hojear la vida.

Si alguna virtud poseo es la de ver en el idioma una materia plástica ante todo.

TÍTULOS DE ESTA COLECCIÓN

Agustín de Iturbide
Agustín Lara
Álvaro Obregón
Antonio López de Santa Anna
Benito Juárez
Cuauhtémoc
David Alfaro Siqueiros
Diego Rivera
Dolores del Río
El Santo
Fidel Velásquez
Francisco I. Madero
Frida Khalo
Gabilondo Soler "Cri-Cri"
Germán Valdés "Tin Tan"
Joaquín Pardavé
Jorge Negrete
José Alfredo Jiménez
José Clemente Orozco
José María Morelos
José Vasconcelos
Juan Diego
Juan José Arreola
Juan Rulfo
Justo Sierra
Lázaro Cárdenas
Malintzin (La Malinche)
María Félix
Mario Moreno "Cantinflas"
Miguel Alemán Velasco
Miguel Hidalgo y Costilla
Nezahualcóyotl
Pancho Villa
Pedro Infante
Piporro
Plutarco Elías Calles
Porfirio Díaz
Quetzalcóatl
Resortes
Rosario Castellanos
Sor Juana Inés de la Cruz
Venustiano Carranza

Este libro se terminó de imprimir
en los talleres de Castillo
y Asociados Impresores,
Camelia 4, col. El Manto,
México. D.F.